ESCOGE
agradecer

TU CAMINO
AL GOZO

NANCY DEMOSS WOLGEMUTH

EDITORIAL
PORTAVOZ

La misión de *Editorial Portavoz* consiste en desarrollar y distribuir productos de calidad —con integridad y excelencia—, desde una perspectiva bíblica y confiable, que animen a las personas a conocer y servir a Jesucristo.

This book was first published in the United States by Moody Publishers, 820 N. LaSalle Blvd., Chicago, IL 60610 with the title *Choosing Gratitude* copyright ©2009 by Nancy Leigh DeMoss. Translated by permission. All rights reserved.

Este libro fue publicado por primera vez en Estados Unidos por Moody Publishers, 820 N. LaSalle Blvd., Chicago, IL 60610 con el título *Choosing Gratitude*, copyright ©2009 por Nancy Leigh DeMoss. Traducido con permiso. Todos los derechos reservados.

Edición en castellano: *Escoge agradecer* © 2010, 2024 por Editorial Portavoz, filial de Kregel Inc., Grand Rapids, Michigan 49505. Traducido con permiso. Todos los derechos reservados. Publicado anteriormente con el título *Sea agradecido*.

Ninguna parte de esta publicación podrá ser reproducida, almacenada en un sistema de recuperación de datos, o transmitida en cualquier forma o por cualquier medio, sea electrónico, mecánico, fotocopia, grabación o cualquier otro, sin el permiso escrito previo de los editores, con la excepción de citas breves o reseñas.

A menos que se indique lo contrario, todas las citas bíblicas han sido tomadas de la versión Reina-Valera © 1960 Sociedades Bíblicas en América Latina; © renovado 1988 Sociedades Bíblicas Unidas. Utilizado con permiso. Reina-Valera 1960™ es una marca registrada de American Bible Society, y puede ser usada solamente bajo licencia.

Las cursivas en los versículos bíblicos son énfasis de la autora.

Todos los sitios de Internet mencionados en este libro son exactos al momento de su publicación, pero podrían cambiar en el futuro o dejar de existir. La inclusión de referencias y recursos de los sitios de Internet no implica el aval de la editorial para con la totalidad del contenido de ningún sitio. Se han mencionado grupos, corporaciones y organizaciones con propósitos informativos, y su mención no implica el aval de la editorial para con sus actividades.

EDITORIAL PORTAVOZ
2450 Oak Industrial Dr. NE
Grand Rapids, Michigan 49505 USA
Visítenos en: www.portavoz.com

ISBN 978-0-8254-5071-6

1 2 3 4 5 edición / año 32 31 30 29 28 27 26 25 24

Impreso en los Estados Unidos de América
Printed in the United States of America

GRATITUD

Tú que tanto me has dado,
dame una cosa más: un corazón agradecido...

... clamo, y vuelvo a clamar;
Y no te dejaré tranquilo,
hasta que me quieras dar
un corazón agradecido.

No solo a veces agradecido,
como si tus bendiciones continuas no fueran;
sino un corazón, cuyos latidos
en alabanza a ti sean.

GEORGE HERBERT (1593-1633)

Con gratitud a

Byron Paulus, director ejecutivo de Life Action Ministries

Uno de los mayores gozos de mi vida ha sido la bendición de servir junto a ti y Sue en el ministerio de avivamiento durante estos últimos treinta años, como parte del equipo de Life Action.

Y

Greg Thornton, vicepresidente y director editorial
de Moody Publishers.

¡Qué privilegio ha sido colaborar contigo y con el equipo de Moody durante los últimos diez años, en la escritura y edición de (en este momento) diez libros!

Ustedes son dos amados amigos y consiervos.
Le doy gracias al Señor por su sabio liderazgo, sus buenos consejos, sus oraciones y su apoyo, todo lo cual me ha ayudado a seguir en la carrera y ser una sierva más útil para Cristo.

Soli Deo Gloria

Contenido

Prólogo: Antes de comenzar		7
Introducción: Tu invitación a la transformación		10
Capítulo 1:	El poder de la gratitud	15
Capítulo 2:	Culpa, gracia y gratitud	25
Capítulo 3:	Cuando no escogemos agradecer	39
Capítulo 4:	¿Por qué debemos escoger agradecer?	54
Capítulo 5:	De la queja a la alabanza	70
Capítulo 6:	¿Cómo puedo dar gracias?	88
Capítulo 7:	Gracias... por todo	103
Capítulo 8:	Pero no sin sacrificio	115
Capítulo 9:	Un cambio gratitudinal	132
Una posdata personal: Para aquellas que piensan: "¡Yo no puedo dar gracias en todo!"		149
Para crecer en gratitud: Una guía devocional de 30 días		155
Una oración de agradecimiento		215
Un agradecimiento sincero		217
Notas		219

Prólogo

Antes de comenzar

Muchas personas hacen cosas *por* mí y *para* mí; al ser tetrapléjica y estar en una silla de ruedas, alguien me tiene que ayudar a levantarme de la cama, a servirme el café, a vestirme, a peinarme el cabello, a cepillarme los dientes, a sonar mi nariz… y siempre me apresuro a decir: "*Gracias*". Y lo digo de todo corazón.

Además, lo digo a menudo. Recuerdo un día que Judy, mi secretaria, entró a mi oficina y me pidió que le prestara 10 dólares. Yo estaba ocupada, de modo que distraídamente le dije que sacara el billete de mi billetera, lo cual hizo. Cuando escuché que cerraba mi cartera, dije automáticamente y con voz alegre: "¡Gracias!". Inmediatamente, una amiga que estaba conmigo me dijo: "¿Por qué *le* agradeciste? Ella es la que tendría que agradecerte a ti". Creo que sencillamente estoy programada para expresar gratitud a las personas.

¡Oh, si tan solo fuéramos así con el Señor Jesús! ¡Si tan solo estuviéramos mejor "programados" para ser agradecidos —no solo con las personas— sino con Él, y eleváramos oraciones de agradecimiento infinidad de veces al día! Lamentablemente, hay falta de gratitud —y, a menudo, *ingratitud*— en nuestro corazón. Y esto es terrible. La falta de un espíritu agradecido conlleva varios castigos; una breve lectura de Romanos capítulo 1 nos lo dice. Y si un espíritu carente de agradecimiento fuera la ruina de una generación de hace miles de años, ¿sería diferente para las personas hoy? De hecho, tú y yo conocemos mucho mejor a Dios que aquellos a quienes Él se les reveló por medio de la mismísima creación; ¡tenemos aun *más* cosas por las cuales estar agradecidas!

De modo que he estado dando gracias durante la mayor parte de mi vida de invalidez. La Biblia no solo nos dice que debemos dar gracias *"en* todo", sino que debemos "[dar] siempre gracias *por* todo al Dios y Padre" (1 Ts. 5:18; Ef. 5:19-20). La mayoría de nosotras puede darle gracias a Dios por su gracia, su consuelo y su poder que nos sustenta *en* una prueba; pero no le damos gracias *por* la prueba, sino solo por encontrarle a Él en la prueba.

Varias décadas en una silla de ruedas me han enseñado a no separar a mi Salvador del sufrimiento que Él permite, como si una quebradura de cuello —o en su caso, una quebradura de tobillo, un corazón herido o un hogar destruido— sencillamente "sucediera"; y después Dios apareciera para tratar de sacar algo bueno de todo aquello. No, el Dios de la Biblia es más grande que esto. Mucho más grande.

Y así es la capacidad de nuestra alma. Tal vez esta silla de ruedas pareciera una tragedia horrible al principio, pero le doy gracias a Dios *en* mi silla de ruedas... Estoy agradecida *por* mi tetraplejia. Es el moretón de una bendición. Un regalo envuelto de color negro. Es la compañía sombría que camina a mi lado cada día, que me lanza y me arrastra a los brazos de mi Salvador. Y *allí* es donde está el gozo.

Mi amiga Nancy lo explica perfectamente en su precioso nuevo libro *Escoge agradecer*. ¡Una explicación que hace falta! Es difícil aferrarse a la gratitud; es difícil encontrar gozo cuando estamos tratando de encontrar la razón de ese dolor intolerable o de ese desengaño desgarrador. Pero Nancy es una buena guía, porque siempre tiene cuidado de no separar a Dios del sufrimiento que Él permite en la vida, y establece una relación entre la gratitud y el gozo.

Nancy te guía, paso a paso, a través de pasajes selectos de las Escrituras y profundos conocimientos, en tu camino al gozo que viene del cielo. No es una especie de felicidad pasajera, sino un gozo profundo e intenso que simplemente no puede y no será estremecido. Un gozo que además te ayudará a superar aquellas cosas que te apresurarías a llamar tragedias.

En *Escoge agradecer*, descubrirás que tu aflicción —es decir, tu "silla de ruedas", sea cual sea— está totalmente dentro de los decretos generales de Dios. Tus adversidades y aflicciones provienen de la sabiduría y bondad de Dios, y por ello puedes estar agradecida. En ello *y* por ello. Finalmente, Nancy nos revelará dónde se encuentra el poder de hacer esto: damos gracias por todo *en el nombre de nuestro Señor Jesucristo*. Sí, es al maravilloso Salvador a quien Nancy DeMoss Wolgemuth siempre exalta. Lo descubrirás en este libro especial que tienes en tus manos.

Gracias, Nancy —y lo digo de todo corazón—. Dios te *bendiga* no solo por instruirnos, sino por mostrarnos cómo la vida debe ser una continua letanía de gracias a Dios... créeme, ¡esta clase de gratitud será muy buena para *ti*!

Joni Eareckson Tada
Joni and Friends International Disability Center

Introducción

Tu invitación a la transformación

*De modo que si pudieras hacer milagros,
no podrías hacer más por ti mismo que mediante
este espíritu agradecido;
pues sana con la mención de una palabra,
y transforma todo lo que toca en felicidad.*

William Law[1]

Hace varios meses que estoy estudiando cuidadosamente lo que las Escrituras dicen acerca de la gracia de la gratitud. He estado meditando en lo que significa ser agradecido, y por qué es importante escoger agradecer.

Esto no ha sido tan solo un ejercicio académico para mí. Ha sido mucho más que eso. El Señor me ha llevado a emprender un camino personal; un camino que aún estoy transitando. Me ha mostrado cuán vital es adiestrar mi corazón a responder ante todo en la vida con un espíritu agradecido, incluso en circunstancias y épocas malas y difíciles.

Esta travesía no siempre ha sido fácil; en el trayecto Él me ha hecho ver cosas de mi corazón que no eran muy favorables. Su Espíritu me ha traído convicción cuando mis respuestas bajo presión se han comparado con lo que he aconsejado y motivado a otras personas (¡y desde luego cuando se han comparado con las normas de su Palabra!).

Sin embargo, este ha sido un proceso bueno y necesario en mi vida, y los cambios que Él está efectuando en mi perspectiva y mi carácter, así como la libertad que viene de decir "¡Sí, Señor!" han compensado en gran medida las difíciles circunstancias. (Hablaré más de este proceso en "Una posdata personal" de la página 149).

Este libro es una invitación a transitar juntas este camino. Quiero que veas lo que yo he visto. Y quiero que experimentes el gozo renovado que siento cuando elimino la maleza persistente de la ingratitud y decido cultivar un corazón agradecido. No obstante, antes de comenzar, quiero que hagas un alto por un momento y reflexiones en el lugar al que nos dirigimos y por qué creo que es tan importante que llegues a ese lugar.

Antes de escribir este libro, si alguien me preguntaba: "¿Eres una persona agradecida?", me hubiera evaluado por "encima del promedio" en este ámbito. Y pienso que aquellos que me conocen, en general, estarían de acuerdo.

En gran parte, gracias a que mis padres insistían en que lo primero que se debía hacer después de recibir un regalo era enviar una nota de agradecimiento, la importancia de expresar gratitud quedó grabada en mí desde los primeros años de mi vida. Forma parte de tener buenos modales, ¿verdad? Es señal de buena educación. Aunque no siempre lo apreciaba en aquel entonces, hoy día estoy agradecida por la formación que recibí.

A lo largo de los años, he tratado de hacer de la gratitud un estilo de vida. Y he experimentado muchas de las bendiciones que acompañan a la "actitud de agradecimiento".

Sin embargo, he visto que si no soy muy diligente en rechazar la ingratitud y poner en práctica la gratitud, con demasiada facilidad me dejo engañar por la contracorriente de la vida en un mundo caído. Comienzo a pensar en las cosas que no tengo y quisiera tener, o en las cosas que quisiera tener y no tengo. Mi vida comienza a parecerme difícil, aburrida y agobiante.

A veces, en el curso de la escritura de este libro, me he permitido regresar a esa peligrosa corriente. Y he visto que la falta de gratitud se manifiesta en nerviosismo, quejas y resentimiento; ya sea dentro de los límites de mis propios pensamientos o, aun peor, al expresarles mis pensamientos a los demás.

En esos momentos, al quedarme sin aliento y sentir que me hundía, he descubierto que *realmente la gratitud es el salvavidas de mi vida*. Aun en las aguas más turbulentas, el agradecimiento me rescata de mí misma y de mis emociones descontroladas. Me mantiene a flote sobre la gracia de Dios y me impide hundirme en lo que, de otra manera, sería mi tendencia natural hacia la duda, la negatividad, el desaliento y la ansiedad.

Con el tiempo, escoger agradecer implica tener gozo, pero no se consigue sin esfuerzo e intencionalidad. Es una decisión que requiere renovar constantemente nuestra *mente* con la verdad de la Palabra de Dios, determinar que nuestro *corazón* se deleite en Dios y en sus dones, y disciplinar nuestra *lengua* para decir palabras que reflejen su bondad y su gracia, hasta que un espíritu de agradecimiento llegue a ser nuestra respuesta reflexiva ante todo en la vida.

UN SECRETO PODEROSO

En las páginas que siguen, voy a motivarte a escoger agradecer; ante todo, porque es la respuesta adecuada a un Dios bueno y misericordioso que nos ha hecho libres de nuestra culpa.

Pero, aunque sea desde el punto de vista del interés personal, escoger agradecer parece lógico.

En gran medida, tu bienestar emocional, mental, físico y espiritual, así como la solidez y estabilidad de tus relaciones con los demás, se determinará por el grado de tu gratitud.

Cultivar un corazón agradecido es un bastión contra la amargura, la irritabilidad y la antipatía. Una hija de Dios agradecida no puede dejar de ser una persona gozosa, apacible y animada.

Si te das cuenta de que el desaliento, la depresión, el temor o la ansiedad te acompañan frecuentemente, tal vez tiendes a atribuirlo a las circunstancias difíciles o dolorosas que estás atravesando. Pero quiero que entiendas que, aunque la etapa o las circunstancias de tu vida sean adversas, tu estado de ánimo está más relacionado con tu necesidad de desarrollar un corazón agradecido que con las circunstancias dolorosas que estás atravesando.

¿De qué otra forma puede explicarse que haya creyentes en todo el mundo —desde tiempos antiguos hasta el presente— que sobreviven con mucho menos de lo que la mayoría de nosotras pueda imaginar, y sufren el tormento de continuas pruebas y tragedias, pero aun así manifiestan una paz y un gozo incontenibles?

Me llamó la atención un comentario hecho por el teólogo y escritor Dr. Wayne Grudem en una entrevista en línea. Cuando C. J. Mahaney le preguntó por los ámbitos de su ministerio donde era susceptible al desaliento, el Dr. Grudem respondió: "Sinceramente, *por lo general no suelo desanimarme.* Veo evidencia de la mano de Dios en mi vida y en la vida de aquellos que me rodean, y *simplemente mi corazón se llena de gratitud hacia Él*"[2] (cursivas añadidas).

Esta es una palabra oportuna para los tiempos que estamos viviendo. En medio de los embargos hipotecarios masivos, una elevada tasa de desempleo, una deuda nacional en alza y las cuentas de retiro reducidas aquí en los Estados Unidos, junto a las incesantes noticias de crisis, escasez y enfermedad mundial, cada vez es más natural que las personas se desalienten e incluso que lleguen a sentir que Dios ha abandonado a este mundo. Para aquellos que aman y siguen a Cristo, el aumento notable del secularismo y la relatividad moral constituye una mayor tentación al desánimo.

Estoy convencida de que debemos cultivar la gracia y la disciplina espiritual de la gratitud si no queremos perder el equilibrio en estos días. Una clave importante para no dejarse abrumar por lo que sucede a nuestro alrededor es buscar evidencias de la mano de Dios en medio del caos, para que, simplemente, nuestro corazón se llene de gratitud hacia Él.

Me llama mucho la atención la cantidad de veces que las Escrituras —particularmente el libro de los Salmos— nos exhortan a dar gracias, alabar y cantar al Señor. Y mucho más, al reconocer cuántos de aquellos pasajes fueron escritos por alguien que estaba en una situación desesperada.

Hay una razón de este constante llamado bíblico a ser personas agradecidas. Esto nos muestra un secreto poderoso, pero un secreto que muy pocos conocen, que se pasa por alto en muchas antologías que he consultado acerca de las virtudes cristianas.

Como veremos, la gratitud no es simplemente una virtud secundaria en la vida cristiana; es vital. Y es transformacional. Creo realmente que un espíritu agradecido, enraizado en el fundamento de la bondad y la gracia de Dios, causará un efecto radical en la manera de ver y responder ante *todo* en la vida.

De modo que acompáñame en este estudio de una característica simple, pero peculiar, llamada gratitud. Oro para que sea para ti un camino hacia un mayor gozo y libertad; un camino para estar más cerca del corazón de Dios.

CAPÍTULO UNO

El poder de la gratitud

*Procura cultivar una percepción fuerte y entusiasta
de la inmensa bondad de Dios en tu vida diaria.*

Alexander Maclaren[1]

¡Gracias!

Esta palabra probablemente fue una de las primeras que dijiste.

Mientras escribo este libro, una joven familia está viviendo con nosotros por un tiempo prolongado, entre tanto hacen los trabajos de remodelación en la casa que compraron. En este momento, su pequeña niña tiene diecisiete meses y está comenzando a decir palabras que son (casi) inteligibles. (La otra noche, mientras ella y yo "leíamos" un libro de Winnie the Pooh, dijo "Tigre" por primera vez. Fue un momento especial para su "tía Nancy" y sus padres que presenciaron el suceso).

Antes que Katelynn cumpliera un año, su mamá y su papá habían comenzado a enseñarle a decir "por favor" y "gracias". Aunque todavía no puede decirlas bien, está entendiendo el concepto y se ha vuelto diestra con las señales de manos que ellos le han enseñado a usar para expresar "por favor" y "gracias".

En prácticamente todos los idiomas, "gracias" es parte del vocabulario básico. Con excepción de aquellos que tienen deficiencias auditivas o verbales, no es difícil pronunciarla. Pero hay mucha diferencia entre tener la capacidad de *decir* "gracias" y tener realmente un corazón agradecido.

¿Qué lugar ocupa la gratitud en tu lista de virtudes cristianas?

En un repertorio que debería incluir cosas como fe que mueve montañas, obediencia radical, paciencia infinita y el sacrificio de la segunda milla, para muchos, la *gratitud* es como un complemento opcional. Agradable si la recibes, pero sin ninguna incidencia en el buen desarrollo de la vida.

Si en nuestra mente hay una escala de A, B y C de las características cristianas, es probable que la gratitud ocupe uno de los niveles más bajos, junto a la hospitalidad, el entusiasmo y asistir a la iglesia los domingos a la noche. Pensamos que la gratitud podría estar incluida en los modelos de lujo, pero que definitivamente no se incluye en el paquete básico, ni siquiera en la misma *categoría* que esas otras piezas más importantes de cristianos fuertes.

Y sin embargo...

Este asunto de la gratitud es mucho más importante de lo que su ligera reputación sugiere. Lo que al principio parece ser una pequeña piedra preciosa que hace juego con nuestros objetos más refinados, en realidad, es un componente mucho más importante, poderoso y necesario para nuestra vida cristiana.

Por ejemplo, trata de mantener una fe constante —sin gratitud— y, con el tiempo, tu fe habrá olvidado cuál es la esencia de su devoción, y se convertirá en una práctica religiosa ineficaz y hueca. Trata de ser una persona que irradie y muestre amor cristiano —sin gratitud— y, con el tiempo, tu amor chocará fuertemente contra las escarpadas rocas del desánimo y la desilusión.

Trata de ser una persona que dé de sí sacrificialmente —sin que la ofrenda vaya acompañada de gratitud— y descubrirás que cada gramo de gozo se pierde por entre las grietas de tu complejo de mártir.

Como dijo una vez el pastor británico John Henry Jowett: "Cada virtud separada de gratitud está lisiada y camina con dificultad por la senda espiritual".

> *La verdadera gratitud no es un ingrediente casual.*

La verdadera gratitud no es un ingrediente casual. Tampoco es un producto aislado, algo que en realidad nunca interviene en la vida y que cómodamente niega la realidad fuera de su propia pequeña isla feliz en algún sitio. No, la gratitud tiene mucho que hacer en nosotras y en nuestro corazón. Es uno de los medios principales que Dios usa para inyectar gozo y optimismo a las luchas diarias de la vida.

ALABANZA O QUEJA

La importancia de la gratitud difícilmente pueda exagerarse. He llegado a creer que pocas cosas son más apropiadas en un hijo de Dios que un espíritu agradecido. Del mismo modo, probablemente no haya nada que haga a una persona *menos atractiva* que la falta de un espíritu agradecido.

He aprendido que, en cada circunstancia de mi vida, puedo decidir responder de una de las siguientes maneras:

Me puedo *quejar*

o

¡Puedo *alabar*!

Y no puedo alabar sin dar gracias. Simplemente, no es posible. Cuando decidimos alabar y dar gracias, especialmente en medio de circunstancias difíciles, hay una fragancia, un brillo que mana de nuestra vida que bendice al Señor y a los demás.

Por otro lado, cuando sucumbimos ante la queja, la murmuración y la lamentación, terminamos en un tobogán destructivo que finalmente conduce a la amargura y a la ruptura de relaciones.

Las consecuencias de un espíritu desagradecido no son tan visibles como, por ejemplo, las consecuencias de una enfermedad contagiosa; pero no por ello son menos mortales. La civilización occidental ha caído presa de una epidemia de ingratitud. Como un vapor venenoso, este sutil pecado está contaminando nuestras vidas, nuestros hogares, nuestras iglesias y nuestra cultura.

Un hombre o una mujer agradecidos son un aliento de aire fresco en un mundo contaminado por la amargura y el descontento. Y la persona cuya gratitud es el producto derivado de una respuesta a la gracia redentora de Dios, mostrará la verdad del evangelio de un modo atractivo y convincente.

De modo que, a menos que te encante sentir que el deber te despierta a las tres de la mañana, o te arruina los planes para tu día libre, o te entrega una factura inesperada que no estaba en tu presupuesto del mes, no trates de vivir la vida cristiana sin gratitud. Por pura fuerza de voluntad y esfuerzo, podrías "hacer un sacrificio" para tener una buena respuesta, pero tu cristianismo (presunto) será hueco, riguroso y poco atractivo para los demás.

EL PODER DE LA GRATITUD

Cuando el promotor inmobiliario Peter Cummings asumió su posición como presidente de la Orquesta Sinfónica de Detroit en 1998, comenzó a enviar tarjetas de agradecimiento a cada contribuyente que donaba 500 dólares o más a la orquesta. No podía soportar la idea de que uno de los patrocinadores de la sinfónica recibiera una carta modelo con su nombre mal escrito accidentalmente, o que uno de sus amigos recibiera un agradecimiento general con el sello de la firma de Peter.

Entre la multitud de cartas que pasaban por sus manos había una dirigida a Mary Webber Parker, hija de una de las familias líderes de Detroit de una generación anterior y heredera de la fortuna de los grandes almacenes Hudson. Ella se había mudado de Detroit hacía muchísimo tiempo, se había establecido en California y ahora había enviudado; de modo que residía en un asilo de ancianos lujoso en las afueras de Hartford, Connecticut.

Y, por alguna razón, ella había decidido enviar una donación única de 50.000 dólares a la sinfónica de su ciudad natal.

La carta que Peter le envió a Mary era, como de costumbre, solícita y amable... e inesperada. Debió haber sido emocionante para el corazón de esta anciana viuda (que solo había regresado a Detroit dos veces en los últimos veinte años) escuchar acerca del resurgimiento de la orquesta, hecho posible, en parte, por su generosa contribución.

Dos semanas más tarde, ella envió otra donación de 50.000 dólares.

A los pocos días, Peter le volvió a escribir para expresarle su inmensa gratitud y prometerle que algún día que estuviera por allí la iría a visitar. Él tendría que viajar desde Michigan para llevar a su hija a matricularse en una universidad de Hartford el otoño siguiente. Él no tenía intenciones de que la Sra. Parker participara de la campaña de donación anual; "sin ninguna obligación", como se dice en los círculos de recaudación de fondos. Era sencillamente un intento amable y personal de decirle *gracias*.

Pasaron los meses. Luego, en una carta fechada el 13 de junio, Mary Webber Parker aceptó que Peter la fuera a visitar en el otoño. Y si le parecía bien, haría una donación, pero esta vez no de 50.000 dólares, sino de *500.000* dólares para la sinfónica de Detroit.

No solo una vez, sino una vez al año durante cinco años.[2]

¡*Dos millones y medio de dólares*!

No por obligación. No por coerción. No porque no tuviera suficientes aspirantes que hicieran lo imposible para persuadirla como benefactora.

Ella lo hizo porque alguien fue agradecido. Genuinamente agradecido.

Ese es el poder estimulante de la gratitud; el poder que ventila el aire viciado de la vida diaria.

EL DESEO DE NUESTRO CORAZÓN

No obstante, me sorprendería pensar que podrías despertarte esta mañana y decir: "¡Dios mío! Si solo pudiera ser una persona más agradecida, mi vida sería mucho mejor". La falta de gratitud raras veces se plantea como la raíz de nuestros problemas.

Sin embargo, no me *sorprendería* saber que últimamente has estado pensando: "Estoy cansada de que mi esposo sea tan desconsiderado conmigo. Yo me desvivo por satisfacer sus necesidades, pero él me da muy poco a cambio. Quisiera que tan solo una vez se detuviera a pensar que hay otras personas además de él en esta casa que tienen necesidades".

O tal vez: "Siempre he esperado que mis padres se disculparan por haberme colocado en una situación en la que me abusaron de niña. Un simple 'lo siento' hubiera bastado. Pero solo me dieron excusas y justificaciones; siempre echaban la culpa a los demás. Solo quiero que se interesen por mí. Quiero que reconozcan lo difícil que ha sido vivir con esta realidad y cuánto me ha costado. ¿Por qué no se pueden dar cuenta de esto?".

O: "Sinceramente, ya no estoy ni segura de lo que creo. He perdido todo deseo de orar, leer la Biblia o servir al Señor. Ya no me interesa. Y asistir a la iglesia es una obligación. Con todo ese celo espiritual que había tenido, la gente debió pensar que estaba loca. Tal vez lo estaba. Pienso que todos estarían mucho mejor si no tuvieran falsas esperanzas de que Dios cumplirá todos sus deseos".

No es necesario que diga que la vida nos trata mal. Si no es uno de esos pocos ejemplos que di, es un niño difícil, un empleo frustrante, un problema médico grave (o tal vez solo sospechas), un problema con un familiar político que no tiene solución. Podría ser un bajo nivel de solvencia económica, una alteración del sueño, un hábito pecaminoso persistente, o tal vez algo que altera mucho la vida como un largo y extenso divorcio.

Pequeñas. Grandes. Prolongadas. Cotidianas. Hay muchas cosas en nuestras experiencias de vida individuales que ocupan nuestros pensamientos, alimentan nuestros temores y añaden a nuestras preocupaciones. Ya sea que estemos conduciendo en nuestro automóvil hacia alguna parte, o estemos tratando de dormir una siesta o prestar atención al sermón del pastor, toda esta "miseria" nos envuelve como una telaraña que no nos podemos sacar de encima.

Intentamos de todo para solucionar estos problemas. Defendemos nuestra posición en contra de las personas que más nos hacen sufrir en la vida. Buscamos el apoyo moral que necesitamos para exteriorizar nuestras quejas y molestias.

A veces nos hundimos en patrones de evasión, con el simple fin de tratar de no pensar en ello. Nos dedicamos a trabajar en un intento por evitar tener que abordar problemas más importantes.

No obstante lo más probable es que, independientemente de cómo intentemos afrontar las dificultades y las decepciones, debajo de todo ello hay un grito interno que impide a muchas de nosotras experimentar lo mejor de Dios en nuestra situación. Con las promesas de Dios aún en vigencia —incluso en medio del dolor y las dificultades—, con su paz y su presencia todavía disponibles para aquellos que confían en Él, muy a menudo decidimos buscar nuestro consuelo en estas palabras lastimeras: "¿Por qué justo a mí?".

¿Cuán a menudo has caído en estas ásperas quejas, con la esperanza de extraer suficiente fortaleza para proteger tu corazón de un peligro y daño mayores?

"¿Por qué es tan dura la vida?".

"¿Por qué las otras personas no pueden ser normales?".

"¿Por qué me tuvo que pasar esto a mí?".

"¿Por qué nadie me ama por lo que soy?".

"¿Por qué Dios no responde mis oraciones?".

"¿Por qué tengo que vivir así de sola?".

"¿Por qué la Biblia no me habla a mí como les habla a ellos?".

"¿Por qué este problema parece no tener fin?".

"¿Por qué no tengo otra alternativa que aceptar esto?".

"¿Por qué a mí?".

Sentirse traicionada. Sentirse excluida. Sentirse inferior... maltratada... subestimada. Como un remolino que gira en círculos interminables, que nos hala y nos lleva hacia abajo con cada arrebato de autocompasión, nos hundimos más y más en nuestros problemas.

Nos alejamos de Dios.

Con ingratitud.

"Las personas me dicen que mantenga la cabeza en alto. Me dicen que esto solo durará una etapa. Pero esta 'etapa' de la vida se ha extendido demasiado. Y todavía no veo ningún final cercano".

"Me dices que escoja agradecer, Nancy. Pero nunca estuviste en mi situación. Si tuvieras una idea de lo que he estado atravesando, no te apresurarías tanto a decir eso".

"Estoy tratando de aceptar lo que me está sucediendo, estoy aprendiendo a vivir con ello. ¿Pero tener gratitud? ¿Estás diciendo que tengo que *disfrutar* de esto?".

Te aseguro, estimada amiga, que si todo lo que tuviera que decirte fueran dulces banalidades sobre la gratitud, ni siquiera intentaría responder a declaraciones tan reales como estas. Si nuestra fe solo ofreciera palabras que caben en un servicio religioso o un libro de texto religioso, sería insensible por mi parte expresárselas a alguien que está luchando por sobrevivir.

> *La gratitud es un estilo de vida. Un estilo de vida bíblico, difícil y motivado por la gracia.*

No obstante, la verdadera gratitud centrada en Cristo y motivada por la gracia cabe en todo momento, aun en los momentos y las situaciones difíciles más desesperantes de la vida. Aun cuando no hay "respuestas", nos da esperanza. Y transforma a los luchadores más abrumados en conquistadores victoriosos.

LA PARTE MÁS IMPORTANTE DE LA GRATITUD

El concepto de la gratitud no se ha perdido completamente en nuestro mundo. Solo hace falta caminar por una tienda de tarjetas en un centro comercial para ver muchos productos en los estantes, decorados con margaritas y colores pastel, que motivan a las personas a ser agradecidas. Los mensajes de estas tarjetas son inspiradores y se puede apreciar el alivio y solaz que ofrecen en medio de los diversos cambios de la vida.

Sin embargo, de alguna manera, muchas de estas expresiones de gratitud parecen más propias de una reunión para tomar el té en nuestra casa, que de la conmoción y confusión de la vida que tú y yo conocemos demasiado bien.

Como puedes ver, la gratitud es mucho más que flores color pastel y páginas de un diario personal.

La gratitud es un estilo de vida. Un estilo de vida bíblico, difícil y motivado por la gracia. Y, aunque en cierto sentido todos pueden escoger agradecer —pues Dios ha extendido su gracia general a todos—, la verdadera gloria y el poder transformador de la gratitud están reservados para aquellos que conocen y aceptan al Dador de cada buena dádiva y que son receptores de su gracia redentora.

Este libro tiene como objeto descubrir qué es lo que hace que la gratitud caracterice verdaderamente a los cristianos. Y cómo hace que la vida, aun con sus golpes y lesiones, sea un gozo de contemplar.

El punto de partida para este descubrimiento es enfrentarse a dos realidades que, a primera vista, parecen ser cualquier cosa menos un motivo para estar agradecidas: la rebelión humana... y la ejecución de un Hombre inocente.

Capítulo dos

Culpa, gracia y gratitud

Aquello que despierta el más profundo manantial de gratitud en el hombre es que Dios haya perdonado sus pecados.

Oswald Chambers[1]

Uno de los momentos más sagrados que pasamos regularmente en una semana, un mes o un año, es cuando participamos de los símbolos del cuerpo y de la sangre del Señor en la Santa Cena.

En esta ceremonia particularmente cristiana, en la que recordamos la muerte de Cristo y celebramos nuestra salvación, los creyentes somos confrontados con el peso de nuestro pecado. Está en la quietud del aire que nos rodea y en el silencio sagrado que ciñe nuestra mente y nuestras emociones. En la quietud de ese momento, nos despojamos de todo lo que normalmente nos distrae para concentrarnos en lo más importante; no hay reuniones ni quehaceres, ni asuntos que ocupen nuestra mente.

Recibimos uno a uno los elementos que mantenemos en nuestras manos mientras esperamos que otros se sirvan. No hay a dónde ir, ni dónde esconderse. Se nos recuerda que nuestra vida depende de la realidad de lo que estos elementos representan.

Los pecados de la semana pasada —tal vez, incluso de las horas pasadas— desfilan por nuestra mente. Cosas que nos parecían tan justificadas, convincentes y válidas en otro momento, ahora, en este entorno sagrado parecen absolutamente ridículas. Es vergonzoso. "¿Por qué decidimos actuar así? ¿Cómo no nos dimos cuenta de lo necias que estábamos siendo? ¿En qué estábamos pensando?".

A pesar de ello, en algún punto de este proceso de arrepentimiento, cuando el peso de nuestra condición caída llega a ser más de lo que podemos soportar, vuelve a despertarse la esperanza en nuestra alma. *No* tenemos que cargar con el peso de estos pecados para siempre. De hecho, ¡ya han sido perdonados! La grandiosa declaración de Jesús: "Consumado es", también se aplica a nosotras. Nuestra posición dentro de su reino eterno es tan segura como la mesa de la Santa Cena, las bandejas, el pan, la copa, incluso las manos que nos sirven su contenido. Gracias a la muerte y resurrección de Cristo, somos libres del pecado, libres para vivir definitivamente, ahora y para siempre.

"*¡Gracias, Señor!*".

Es este mismo momento —este momento de "dar gracias"— el que resume el objetivo final de lo que estamos haciendo aquí. La palabra "eucaristía" (el término más litúrgico con el cual muchos cristianos denominan a la Santa Cena o Sagrada Comunión) proviene de la palabra griega *eucharistia*, que significa "acción de gracias".[2] Un erudito de la Biblia lo explica de esta manera:

> La eucaristía, que también es la palabra que se usa para Sagrada Comunión, representa el acto más encumbrado de acción de gracias por el beneficio más grande recibido de parte de Dios, el sacrificio de Jesús. Es el reconocimiento agradecido de la misericordia pasada.[3]

Por lo tanto, cuando participamos de la Santa Cena, estamos sumidas en la gratitud. Gratitud a Dios. Gratitud por el evangelio.

De la culpa, por medio de la gracia, a la gratitud… todo en un acto que da vida.

SACA TUS CONCLUSIONES

Estas tres palabras —"culpa", "gracia" y "gratitud"— constituyen la idea central del evangelio. En cierto sentido, nos cuentan la historia de toda la Biblia.

Nacemos en un estado de *culpa ineludible*, transgresión, bajo la justa condenación de un Dios santo; con la intención (pero sin capacidad) en nuestro esfuerzo humano de llegar a ser dignas y aceptables para Dios, suficientemente buenas para ganarnos su favor.

A esta situación sin esperanza llega la *gracia inmerecida* de Dios por medio de Jesucristo, quien, a diferencia de nosotras, cumplió perfectamente la ley de Dios, murió en nuestro lugar como nuestro Sustituto perfecto y recibió el juicio que merecíamos con justa razón. Su sacrificio en la cruz da a entender que podemos dejar de intentar lo imposible espiritualmente o de forjar nuestra propia justicia (¡una hazaña imposible!). En esa pródiga y espectacular dádiva de la gracia, se ha provisto todo lo que necesitamos para vivir en una correcta relación con nuestro Creador.

La vida de Cristo ha llegado a ser nuestra. Su muerte ha pagado el sacrificio suficiente por nuestros pecados. Su resurrección nos ha asegurado que ni siquiera la tumba puede impedir que Dios cumpla sus promesas. Incluso, ahora tenemos comunión eterna con nuestro Padre celestial.

Este es el máximo milagro. Cierta muerte ha sido reemplazada por cierta vida. Nosotras, que nunca hubiéramos buscado a Dios por nuestra cuenta hemos sido redimidas por Aquel que *nos* buscó en su amor y misericordia: "Porque por gracia sois salvos por medio de la fe; y esto no de vosotros, pues es don de Dios" (Ef. 2:8).

¡Este es el evangelio: las buenas nuevas! La dádiva de la *gracia* de Dios ha borrado nuestra *culpa*; lo único suficientemente grande y poderoso para vencer y borrar para siempre y completamente esa culpa.

Lo que sigue a continuación, pues, debería ser la reacción lógica a esta clase de rescate. Dado que fuimos rescatadas del umbral de la muerte, aliviadas de la carga que teníamos sobre nuestros hombros, puede que pensemos que ni todo el resto de nuestra vida terrenal nos podría alcanzar para expresar nuestro agradecimiento. Dado que ya no seguimos dependiendo de nuestras buenas obras y desempeño, con el destino de nuestra alma asegurado por la eternidad, es de esperar que la energía de esta gratitud imperiosa, por lo menos, nos impulse a realizar infinitos actos de adoración y servicio. "Lo que quieras, Señor. Es lo menos que puedo hacer después de todo lo que Tú has hecho por mí".

Si me permites dar una breve lección de griego (idioma en el cual fue escrito originalmente el Nuevo Testamento), podrás ver claramente la relación entre la gracia y la gratitud.

Hace un momento vimos que la palabra "eucaristía" (del griego *eucharistia*) significa "acción de gracias". La raíz de esta palabra griega es *charis*, que por lo general se traduce como "gracia". (La palabra para "don" —*charisma*— se encuentra estrechamente relacionada). Pero en varios versículos, esta misma palabra, *charis*, se traduce como "gratitud" o "agradecimiento".

Gracia... don... gratitud (agradecimiento). ¡Son palabras inseparables! Y deben ser inseparables en nuestro corazón. Cada vez que encontramos *una* de ellas, debemos esperar encontrar la otra.

Los tres —la gracia, los dones y la gratitud— son concedidos gratuitamente. Nuestro Dios, misericordioso y dador, les concede generosa y alegremente la gracia a aquellos que se merecen su juicio y su ira. Y aquellos que han recibido esta dádiva tan inmerecida de la gracia, responden al Dador en generosa y alegre gratitud.

Algunas de nosotras siempre supimos estas cosas. Pero ¿nos hemos dado cuenta de la maravilla de todo esto?

Observa la manera en la que el apóstol Pablo sacó sus misteriosas conclusiones: "cuando el pecado abundó, sobreabundó la gracia" (Ro. 5:20). Sí, en respuesta a nuestra abundante culpa, Dios derramó *sobre*abundante gracia. Entonces, la respuesta a la sobreabundante gracia debe ser una *extraordinaria sobre*abundante gratitud, ¿verdad?

¿Es la gratitud que fluye de tu vida tan sobreabundante como la gracia que se derrama sobre tu vida?

¿Pero es así? ¿Es la gratitud que fluye de tu vida tan sobreabundante como la gracia que se derrama sobre tu vida?

Una *culpa innegable*, más la *gracia inmerecida*, debe dar como resultado una *gratitud desenfrenada*.

No obstante, aunque nos resulte fácil afirmar la progresión bíblica de la culpa a la gracia, de la muerte a la vida, de la desesperanza a la esperanza, nos resulta más difícil dar el siguiente paso lógico; tal vez no en teoría, pero sin duda alguna en la práctica. Para muchas de nosotras, responder al don de la gracia de Dios con profunda y sincera gratitud no es algo que se manifieste en nuestra vida todos los días.

¿A qué se debe esto?

El argumento racional es convincente. La cuestión aquí ahora es cómo pasar del conocimiento a la acción, cómo hacer de la gratitud algo más que un deber que se tenga que cumplir a la ligera.

Yo digo que podemos comenzar *por hacer que nuestro objetivo sea tener un corazón que sea tan agradecido a Dios como la gracia sobreabundante que Él ha derramado sobre nuestra vida.*

Esto debe mantenernos agradecidas por un largo, largo tiempo. Agradecidas a Dios.

¿AGRADECERLE A QUIÉN?

Aquí es donde la gratitud cristiana comienza a elevarse por encima de cualquier otra forma de gratitud. Ser humildemente agradecida a Dios por nuestra salvación —la transacción más inmerecida en nuestra historia personal— es el punto de partida para la forma más genuina de gratitud: una gratitud centrada en *Cristo* y dirigida a *Dios*. La verdadera gratitud, la gratitud cristiana no existe en forma aislada; tiene un Objeto.

Marvin Olasky, editor ejecutivo de la revista *World*, relata una conversación que mantuvo con un escritor famoso (y ateo), que hablaba de cuán agradecido estaba por unas vacaciones recientes en las que se había podido zambullir en el océano y contemplar la arrolladora belleza de todo lo que había a su alrededor, y por la calma que había podido sentir al estar rodeado del compás sereno de las aguas. De manera apremiante, el Dr. Olasky le preguntó a este hombre a quién le estaba agradecido: "¿Tal vez a los compradores de sus libros que habían contribuido a su bienestar económico?", (pero ellos no crearon el océano). "¿Tal vez a sus padres o a su esposa?" (desde luego, ellos tampoco crearon el océano).[4]

La cuestión es que, para poder dar gracias, necesitamos un destinatario. Y para ser agradecido para con el Dios vivo se requiere de un nivel de confianza en Él que solo puede residir en el corazón de un creyente.

Dar "gracias" al cielo en general ante la repentina aparición de un buen lugar de estacionamiento, la anulación de una multa por exceso de velocidad o una llamada telefónica de la oficina del médico que nos informa que nuestros exámenes han dado un resultado negativo, no representan una gratitud distintivamente cristiana. Este tipo de agradecimiento, que enfatiza el "primero yo", es el tipo de agradecimiento que solo entra en acción cuando las cosas nos salen bien y cuando las bendiciones positivas vienen en nuestra dirección. No es más que un reflejo automático, como decir "disculpe" después de tropezar con alguien, o "igualmente" después de recibir el deseo de un buen día del vendedor de una tienda.

La gratitud cristiana, por otro lado, implica:

- *reconocer* la multitud de beneficios que provienen de Dios y de los demás (incluso aquellas bendiciones que podrían venir camufladas como problemas y dificultades).
- *admitir* que Dios es el máximo Dador de toda buena dádiva, y
- *expresar* agradecimiento a Él (y a los demás) por esas dádivas.

Observa la diferencia entre este concepto de la gratitud y otros esfuerzos bien intencionados y optimistas, de ver el vaso medio lleno en la vida... ver el lado bueno de las cosas, decidir hacer hincapié en cualquier cosa positiva que podamos encontrar en medio de los problemas y las dificultades.

Desde luego, no hay nada malo en esforzarnos por mantener una perspectiva positiva de la vida; ser agradecidas por nuestra salud, por ejemplo, o por un encuentro fortuito con una de nuestras amistades en un pasillo del supermercado, o porque el florecimiento de una flor de nuestro jardín nos sorprende una mañana al salir de nuestra casa y nos alegra un día que de otra manera sería deprimente. ¡Qué maravilloso es cuando nuestro corazón toma conciencia del hecho de que tenemos mucho para agradecer!

¿Agradecerle a quién?
El problema con la gratitud sin Cristo es este: aunque sea buena,

está fuera de contexto. Es una gratitud que lanza genéricamente sus acciones de gracias al aire, sin la seguridad de atribuírselas a la buena suerte, a una buena racha, a la buena fortuna o al buen Señor. Debido a la necesidad de agradecerle a *alguien* o a *algo* por hacer que la vida no sea tan mala como podría llegar a ser, las personas son genuinas cuando plasman estos pensamientos por escrito o los comentan con sus amistades, y se sienten bien de estar agradecidas.

Estas personas tienen una leve percepción de ser parte de algo mucho más grande que la mera existencia humana. Sin embargo, no están listas —o no están dispuestas— a declarar que ese "algo mucho más grande" sea un Creador y Salvador personal. Tal vez un poder superior, pero, por lo general, no el Dios de la Biblia, y desde luego no el Señor Jesucristo.

Por lo tanto, mientras podemos encomiar la práctica de una gratitud generalizada y estar contentas de tener amistades y familiares con una perspectiva positiva de la vida, no podemos como creyentes contentarnos con considerarla suficiente para nosotras; no cuando hay un nivel de gratitud que nos ofrece mucho más que simplemente sentirnos bien acerca de cómo nos van las cosas.

Pensemos en esto. ¿Por qué escribimos una dedicatoria en los regalos que hacemos? ¿Por qué raras veces damos algo totalmente anónimo, donde la otra persona no tiene ninguna idea de quién se lo regaló? ¿Por qué queremos que sepan quién les hizo ese regalo?

¿Es porque somos tan vanidosas que no podemos soportar la idea de no ser reconocidas como las dadoras? ¿Es porque nos encanta sentirnos superiores a los demás y, consciente o inconscientemente, colocamos a los demás en deuda con nosotras?

¿O es simplemente porque queremos que los demás sepan que los apreciamos y valoramos? Entonces, decimos: "Quiero que sepas cuánto significas... para mí".

De modo que cuando la Biblia declara: "Toda buena dádiva y

todo don perfecto desciende de lo alto, del Padre de las luces" (Stg. 1:17), ¿cómo puede ser que agradezcamos a nuestra "buena estrella" aunque sea por la más mínima bendición que nos ocurre, cuando en realidad proviene de Aquel que, en primer lugar, creó las estrellas? Aquel que quiere que sepamos que nos tiene esculpidos en las palmas de sus manos (Is. 49:16) y que nos ama "con amor eterno" (Jer. 31:3).

¿Por qué habríamos de omitir esto?

Solamente al reconocer que nuestras bendiciones tienen una sola procedencia —un Dador real, personal, vivo y tierno—, la gratitud comienza a transformarse en una gratitud *cristiana* auténtica: *que reconoce y expresa agradecimiento por los beneficios recibidos de parte de Dios y de los demás*.

GRATITUD POR DOQUIER

La gratitud genérica, convencional, tiene sus límites. Su alcance generalmente está confinado a ciertos términos y condiciones; aquellos que nos convienen o nos hacen felices. A menudo no ve más allá del nivel de la "vista"; más que interesarnos por la situación de los demás estamos agradecidas por no estar en la misma condición. Incluso tiende a estar restringida principalmente a la experiencia privada, un proceso o disciplina de pensamiento interno que, en gran parte, solo nos beneficia individualmente. Y aunque a veces se manifieste activamente al dar gracias a los demás, por lo general no es una gratitud bien definida y entusiasta, y carece de la energía y el propósito eterno de hacerlo en respuesta a la gracia redentora de Dios. Es simplemente estar agradecida... porque sí.

No obstante, los límites de la *gratitud cristiana*...

¿Quién dijo algo acerca de los límites?

"Jehová, hasta los cielos llega tu misericordia, y tu fidelidad alcanza hasta las nubes. Tu justicia es como los montes de Dios, tus juicios, abismo grande" (Sal. 36:5-6). Su sobreabundante gracia desde los extensos confines de su dominio, llena el abismo de nuestra vida necesitada.

"Por eso los hijos de los hombres se amparan bajo la sombra de tus alas. Serán completamente saciados de la grosura de tu casa, y tú los abrevarás del torrente de tus delicias" (Sal. 36:7-8). Nuestro corazón responde con toda la gratitud que podemos reunir, sin embargo, recibimos (¿qué es esto?) aun más gracia y misericordia.

¿Límites? ¿*Qué* límites?

La belleza de la gratitud cristiana se ve en aquella pequeña acción de gracias de nuestra parte cuando, dirigida hacia o inspirada por su legítimo Destinatario, puede abundar y sobreabundar desde un rincón del reino hasta el otro, y no solo bendice a Dios y nos beneficia a nosotras, sino que incluso se posa en lugares y personas donde el amor de Dios nunca podría haberse recibido de otra manera.

¿Quieres un ejemplo? Vamos a zambullirnos por un momento en medio de 2 Corintios, capítulos 8 y 9, aunque te advierto que va a salpicar gratitud en todas direcciones mientras estudiemos este pasaje. De modo que no te sorprendas si te salpicas un poco.

Este era el contexto: Pablo les estaba recordando a los hermanos y hermanas de Corinto que estaba haciendo una colecta para la iglesia de Jerusalén. Una gran hambruna había empobrecido a muchas personas en la tierra natal de los judíos. Pablo quería llevar a cabo la doble misión de proveer alivio humanitario a los judíos nativos y, a la vez, manifestar la unidad de la iglesia: que los gentiles compartieran sacrificialmente con los judíos, uno en Cristo.

Los corintios (gentiles) habían prometido en una ocasión contribuir con algo. Pero cuando se escribió esta carta, aún no habían cumplido su promesa, no de la manera que otros lo habían hecho, incluso aquellos que poseían muchos menos recursos que ellos.

Pablo estaba tratando de hacer que los corintios vieran que si no *daban*, estaban pasando por alto la *gracia* y reprimiendo la *gratitud.* Si tan solo prorrumpían en un desbordamiento de agradecida generosidad, provocarían una oleada de gratitud que rebasaría su sacrificio y dirigiría sus acciones de gracias hacia arriba, abajo y todo alrededor, de modo que llegarían a los ámbitos donde más se necesitaba la gracia.

Según el argumento de Pablo:

La gracia genera el dar. Dios ha hecho "que abunde en vosotros toda gracia, a fin de que, teniendo siempre en todas las cosas todo lo suficiente, abundéis para toda buena obra" (2 Co. 9:8). Puesto que Dios nos ha dado un suministro de gracia tan grande, en realidad es como si *Él* fuera el que diera a través de *nosotros*. Damos de la abundancia que Él ya nos ha dado. (Ser parte de algo ilimitado es participar con Dios de la distribución de sus abundantes bendiciones y gracia redentora por todo el mundo).

> *Cuando le manifestamos gratitud a Dios, hacemos que también brote gratitud en el corazón de los demás.*

Pero eso es solo el comienzo.

El dar genera gratitud. Al estar enriquecidas en todo y ser impulsadas a la generosidad, la obediencia de nuestro corazón no solo nos ayuda a suplir la necesidad física o espiritual de otros; también produce "acción de gracias a Dios" para con cada persona que es objeto de nuestra contribución (v. 11). Cuando le manifestamos gratitud a Dios, hacemos que también brote gratitud en el corazón de los demás.

Como resultado, la gratitud genera aun más gratitud. Como receptores de la gracia, ahora nos hemos convertido en canales de esta gracia que hemos recibido, para que otros puedan convertirse también en beneficiarios de su gracia. El resultado final es que brota *aun más* gratitud —no solo hacia nosotras, sino también hacia el Señor— y sus voces se unen a las nuestras en alabanza y agradecimiento. "Porque la ministración de este servicio no solamente suple lo que a los santos falta, sino que también abunda en muchas acciones de gracias a Dios" (v. 12).

¿Cómo es esto? ¡Otros están alabando a Dios debido a nuestra gratitud y contribución producidas por la gracia!

Lo que hemos recibido verticalmente ha incentivado una profunda gratitud de regreso a Dios. Y, de su abundancia, hemos sido inspiradas y facultadas para distribuir dádivas de gracia horizontalmente en todas direcciones, lo cual a su vez motiva aun *más* acciones de gracias de regreso verticalmente a Dios desde *otras* fuentes, a raíz de lo que hemos hecho (o, mejor dicho, de lo que Dios ha hecho a través de nosotras).

Es parecido al ciclo de la lluvia. Casi igual como el agua que cae del cielo, llena la tierra y luego regresa al aire en forma de humedad evaporada, la gratitud cristiana hace que la gracia de Dios complete el ciclo y vuelva al punto de partida... y deje, quién sabe, cuánto fruto y flores y vidas renovadas en su estela de gloria.

AQUÍ, ALLÍ, EN TODAS PARTES

Pablo animaba a los colosenses a "[abundar] en acciones de gracias" (Col. 2:7). Esta es la imagen de un río que se desborda durante la temporada de las crecidas, no que se escurre por la ribera gradualmente y salpica, sino que se desborda a borbotones, que se dispersa por todos lados, sin dejar ningún sector de la tierra sin bañar con la crecida de sus aguas. A diferencia, *este* desbordamiento —el desbordamiento de gratitud— lejos de ser un torrente de destrucción, fluye como un río constante de bendiciones: de ayuda, sanidad y vida.

¿Parece demasiado irreal e idealista?

No lo es. Lo veo suceder a menudo entre mis compañeros de trabajo en el ministerio donde he servido por más de treinta años. La mayor parte de las personas que Dios ha llamado a este ministerio se sostiene, en parte o totalmente, de su subvención mensual como misioneros. Estos individuos y estas familias no están allí para ver cuánto dinero pueden hacer o cuántas cosas pueden acumular. Por el contrario, muchos de ellos "sobreviven" de un ingreso que sería considerado inadecuado por las normas de hoy.

Y, sin embargo, puedo dar fe —así como Pablo dijo de las iglesias de Macedonia en 2 Corintios 8:1— que estos siervos fieles son ejemplos en la gracia de dar. A medida que Dios provee (y siempre provee), ellos encuentran deleite en dar a los demás, en suplir las necesidades de los demás en todo, desde ropa hasta artículos para el hogar, vegetales frescos del huerto o ayuda práctica con reparaciones del automóvil y del hogar. (El "granero de bendiciones", ubicado en la sede del ministerio, ¡trabaja activamente!).

Es hermoso verlo y ser parte de ello.

Todavía mejor que ver el almacenamiento de comestibles y ropa, es el gozo de ver que se desarrollan relaciones, se entrelazan corazones y, en el proceso, Dios es glorificado por medio de su pueblo; todo porque hombres y mujeres, que bien pudieron haber optado por acumular y quejarse, decidieron dar y ser agradecidos para con Dios y para con los demás.

La gracia, la gratitud y el dar van de la mano.

Procura tener esta misma clase de espíritu en situaciones de tu propia vida; procura ayudar a las personas que conoces y estimas, además de buscar entre los necesitados de tu propia iglesia o familiares. Tan solo piensa en las grietas y brechas que se pudieran reparar, cuántas relaciones podrían restaurarse y consolidarse, si nuestra gratitud por la gracia de Dios dejara atrás nuestra amargura y superara esas barreras relacionales.

Imagina el efecto producido en un mundo caracterizado por el distanciamiento, el egoísmo y las relaciones rotas, si engalanáramos el evangelio que profesamos creer con una cultura de cuidado, interés, generosidad y sacrificio mutuo. La verdad que proclamamos llegaría a ser creíble. Y Dios sería glorificado.

Esto es lo que puede suceder cada día de la semana cuando la gracia de Dios llega a ser real en nuestra vida, cuando recordamos todo lo que el milagro de la redención ha hecho por nosotras, cuando nuestra primera respuesta sincera es decir "gracias" —tanto a Dios como a los demás— en cualquiera de las manifestaciones que Él quiera recibir en ese momento.

Abundante. Sobreabundante. La gracia no solo se recibe y se acumula, sino que diariamente se extrae de ella y se multiplica.

Esto es lo que hace la gratitud cristiana.

***

De modo que, ¿por qué no vemos, en nuestro corazón y entre el pueblo de Dios, un mayor desarrollo de esta clase de gratitud firme fundada en la gracia? Entre otras razones, porque hay un poderoso rival que todo el tiempo se opone a la verdadera gratitud. Y no tenemos que buscar mucho para encontrar a ese adversario; que está al acecho en el corazón de cada ser humano.

Capítulo tres

Cuando no escogemos agradecer

Todos somos, en cierto modo, como niños desagradecidos; comprendemos, pero vagamente, la verdad del insondable amor de Dios por nosotros.

Elisabeth Elliot[1]

Era casi la medianoche del viernes 7 de septiembre de 1860, antes que el *Lady Elgin* se hundiera en las aguas del lago Michigan en su viaje nocturno de regreso de Chicago a Milwaukee. Unas cuatrocientas personas componían la lista de pasajeros que viajaban a bordo; en su mayor parte eran miembros del grupo de las milicias de la Unión y sus familias, que habían planificado este día de crucero a finales del verano para recaudar fondos para su unidad.

Las actividades de aquella noche habían terminado con la cena, un baile y un discurso del candidato presidencial demócrata, Stephen A. Douglas. Y aunque el viento y la lluvia chispeante auguraban un pronóstico nefasto, lo cual hizo que el capitán pensara en posponer el viaje hasta la mañana siguiente, la decisión finalmente fue de zarpar.

Había mucha alegría entre los pasajeros, que se prolongó hasta altas horas de la noche en los espaciosos salones del *Lady Elgin* que bullían de música y baile. Fue entre las dos y las dos y media de la mañana, mientras la banda de música estaba aún tocando, que una terrible sacudida estremeció todo el barco, haciendo añicos las lámparas de aceite y dejando a los pasajeros con un pánico arrollador y tenebroso.

Augusta, una embarcación de cuarenta metros, cargada de madera, había golpeado precipitadamente y a toda vela la parte posterior izquierda de *Lady Elgin*.

Debió haber sido un golpe de refilón, y que *Augusta*, la embarcación más pequeña, obtuviera la peor parte del accidente. De hecho, la tripulación del buque a vapor indicó que *Augusta* siguiera adelante, seguros de que aquella embarcación tenía mayor necesidad de llegar cuanto antes a la costa. Pero, a la media hora, la caldera y el motor habían perforado la base debilitada del buque a vapor, lo cual fracturó posteriormente el casco. El gran navío terminó por quebrarse con violencia y hacerse pedazos.

Lady Elgin se estaba hundiendo.

Durante seis horas, los sobrevivientes se mantuvieron a flote en botes salvavidas y sobre otros escombros del naufragio mientras los relámpagos fulguraban en el cielo e iluminaban el horror. El viento del norte y el furioso oleaje arrastraron a la mayor parte de ellos hacia un alto risco escarpado cerca de Evanston, Illinois. Residentes y granjeros locales, al despertarse con el espectáculo de hombres y mujeres que clamaban esparcidos por las aguas, corrieron a buscar ayuda para tratar de organizar un equipo de rescate.

Entre aquellos rescatistas estaba Edward Spencer, estudiante de un seminario cercano a la universidad de Northwestern, que había crecido junto al río Misisipi y sabía cómo desenvolverse en el agua. Con una larga cuerda atada a su cintura y nadando en las encrespadas aguas del oeste del lago Michigan, pudo llevar a una víctima tras otra a la costa, mientras luchaba fuertemente contra la feroz contracorriente que estaba acabando con las últimas fuerzas de muchos que, tan cerca de la orilla del risco, se atormentaban por no poder llegar a ponerse a salvo.

Mientras se abalanzaba contra la corriente y arrastraba a una persona tras otra con la fuerza de sus brazos, el filo cortante de los escombros flotantes rozaba su cabeza y su cuerpo. De modo que cada vez que regresaba a la costa con otro sobreviviente, su rostro estaba más ensangrentado y sus músculos más doloridos.

Sin embargo, tomaba fuerza y aliento alrededor de una fogata, hasta divisar a otra persona que agitaba los brazos débilmente en las olas. Entonces se despojaba rápidamente de la manta que conservaba la temperatura de su cuerpo y se arriesgaba nuevamente a entrar en las aguas profundas, con sus músculos tensos y acalambrados de nadar esforzadamente contra la corriente.

Finalmente, de las treinta víctimas que sobrevivieron junto a la orilla de Evanston aquel día, diecisiete debían su vida al esfuerzo heroico de Edward Spencer.

Su heroísmo sería el comienzo de una nueva vida para muchos, pero fue el final de un sueño para el joven seminarista. Nunca pudo recuperarse de las consecuencias físicas de aquel fatídico día y se vio obligado a abandonar sus estudios, su ocupación y sus sueños de llegar a ser pastor y erudito. Algunos lo recuerdan casi paralizado por el resto de su vida, a menudo confinado a una silla de ruedas.

Aunque a veces se hace mención de su valentía en artículos periodísticos y otros tributos en general, cuando un periodista le pregunta qué recuerda más acerca de aquel rescate, él responde: *"Solo que de las diecisiete personas que rescaté, ni una de ellas me dio las gracias"*.[2]

¿Es esto pedir demasiado?

LECCIONES DE UN LEPROSO

Tal vez la ilustración más gráfica de ingratitud sea el relato de la sanidad de los diez leprosos, que se encuentra en Lucas 17. Cuando Jesús entró a una aldea no identificada, situada entre Samaria y Galilea, "le salieron al encuentro diez hombres leprosos, los cuales se pararon de lejos" (v. 12). Ellos "alzaron la voz, diciendo: ¡Jesús, Maestro, ten misericordia de nosotros!" (v. 13).

Por lo tanto, aquí, a la luz de lo que vimos en el último capítulo, tenemos una ilustración viva tanto de la *culpa* como de la *gracia*, de la necesidad humana y de la misericordia de Dios.

Es probable que sepas que la lepra es simbólica del pecado en las Escrituras; no es que estos hombres hubieran cometido pecados más graves que cualquier otra persona, sino que esta enfermedad infecciosa de la piel hacía que las personas actuaran y sufrieran de una manera que ilustra la naturaleza y las consecuencias del pecado. Por ejemplo, puesto que eran ritualmente impuros se veían obligados a vivir fuera del campamento, separados de aquellos que podían pasearse libremente. Además, la evidencia destructiva de la lepra en sus extremidades y sus características faciales representaba la cicatriz interna, a menudo invisible, causada por el estrago del pecado en el corazón y el espíritu humano.

Por consiguiente, cuando Jesús dio inicio a la sanidad de los leprosos y los envió a los sacerdotes donde podía certificarse oficial y públicamente la reversión milagrosa de su condición, en los versículos que siguen a continuación esperarías encontrar el tercer componente del trío de nuestro evangelio.

La *culpa* confrontada por la *gracia* debería originar una profunda *gratitud*.

Sin embargo, igual que aquellos individuos que Edward Spencer puso a salvo, los leprosos que fueron sanados tampoco supieron manifestar gratitud. Probablemente (y comprensiblemente) algunos estaban apurados por llegar a su casa para contarlo a su familia. Puede que otros quedaran totalmente pasmados. Y otros tal vez volvieron después a buscar a Jesús, pero ya no pudieron encontrarlo.

Como puedes ver, la ingratitud no siempre es una señal de indiferencia e insensibilidad. A veces está en cuarto o quinto lugar de una lista que nunca logramos llevar a cabo.

Pero para uno de los leprosos que fueron sanados, la gratitud fue la *primera* e inmediata respuesta a la gracia. Antes de salir corriendo a hacer todas las cosas que no había podido hacer durante sus años de marginación, este leproso regresó de su cita con el sacerdote para decirle gracias a Aquel que lo había rescatado.

A él no le importaba quién lo podía escuchar. No le importaba cuán polvoriento era el suelo a los pies de Jesús. No le importaba a dónde se habían ido los demás o que había quedado solo él, y que con su manifestación eufórica quedaba en ridículo ante los espectadores. Todo lo que él quería era agradecerle. Nada le importaba más. Antes que cualquier otra cosa: "¡Gracias, Señor!".

Por lo tanto, cuando Jesús preguntó: "¿No son diez los que fueron limpiados? Y los nueve, ¿dónde están? ¿No hubo quien volviese y diese gloria a Dios sino este extranjero?" (vv. 17-18). El aire enrarecido por la vergüenza de la ingratitud pudo contrarrestarse solo por las claras y jubilosas palabras de agradecimiento de un hombre y la fragancia de un corazón agradecido que perfumó las calles de aquella aldea.

Las siguientes palabras de Jesús, dirigidas al agradecido samaritano, fueron incluso más preciosas que aquellas que originalmente habían producido la sanidad de aquellos marginados: "Levántate, vete; tu fe te ha salvado" (v. 19). No solo le había sanado de su crónica condición física, sino que le había asegurado su salvación espiritual.

Los otros nueve regresaron a vidas que creían perdidas para siempre; se encontraron con amigos, padres e hijos. Estoy segura de que nunca se olvidaron del día en que su larga pesadilla se transformó milagrosamente en un sueño hecho realidad.

Pero a menos que más tarde volvieran a Jesús —en un hecho no registrado en los relatos bíblicos— tendrían que disfrutar su nueva vida con esta advertencia de un vacío sin llenar: pudieron haber estado a punto de recuperarlo todo, pero se olvidaron de Jesús.

GRACIAS POR NADA

Ingratitud.

Hay algo particularmente desagradable y repugnante en este pecado cuando lo vemos en los demás; especialmente cuando *es a nosotros* a quienes no se nos reconoce nuestra generosidad o sacrificio. Jesús, por ejemplo, tenía todo el derecho de estar disgustado con aquellos que habían recibido todo lo que siempre quisieron de Él, sin embargo ni siquiera se molestaron en decir "¡gracias!".

> *¿Cuántas veces nos olvidamos de dar gracias en respuesta a un acto de bondad, un servicio o un favor recibido?*

¿Cuántas veces nos olvidamos de dar gracias en respuesta a un acto de bondad, un servicio o un favor recibido, sin ser conscientes de nuestra ingratitud? Gradual y sutilmente nos vamos insensibilizando mientras nuestro corazón se va cubriendo de capas de presunción y resentimiento, hasta que el agradecimiento desaparece completamente de nuestra vida y de nuestra boca.

No es difícil que suceda esto... aun en la más preciosa de las relaciones.

Hace muchos años, por ejemplo, comencé a presentar un reto motivador para las esposas.[3] Por medio de este, las motivaba a confrontar la ingratitud y cultivar un espíritu de agradecimiento en su matrimonio con dos simples pasos:

1. Proponerse no decir nada negativo de su esposo, ni a él ni a nadie acerca de él, durante los treinta días siguientes.

2. Proponerse expresar al menos una cosa que admiren o valoren de su esposo, y decírselo tanto a él como a otra persona, durante los treinta días siguientes.

Es asombroso —y sorprendente— ver cuán difícil ha sido este simple ejercicio para algunas esposas.

Una oyente de nuestra emisión radial *Revive Our Hearts* [Aviva nuestros corazones] dijo: "Ayer acepté el reto, pero ya lo eché a perder. Necesito una gran ayuda. Lo que me atrajo de mi esposo de cuarenta y dos años fue su serena fortaleza. Pero ahora su serenidad y despreocupación me vuelven loca". La difícil tarea de contener la crítica y expresar gratitud parece ser casi imposible para algunas mujeres.

Gracias a Dios, muchas mujeres han estado dispuestas a hacer el esfuerzo. A través de los años he sabido de cientos de mujeres que han aceptado este reto. Muchas se han sorprendido al descubrir la magnitud de su ingratitud y espíritu crítico.

Una mujer escribió y dijo: "Cuando acepté el reto, pensé que solo de vez en cuando le hablaba mal a mi esposo o hablaba mal de él. Pero fue sorprendente descubrir cuántas veces tenía pensamientos que debía contener para que no salieran de mi boca. Me había acostumbrado a pensar muchas cosas malas acerca de él y después a decirlas bruscamente y sin reparos. Este reto ha transformado mi manera de comunicarme con mi esposo".

¡Un difícil pero gratificante paso de la queja a la gratitud!

Otra mujer escribió: "Hace cuarenta años que estoy casada con mi marido y, después de escuchar tu mensaje, me doy cuenta de que poco a poco durante los últimos años he dejado de expresarle palabras de aprecio. Desde hoy quiero volver a hacerlo. De hecho, en este momento él está afuera cortando el césped y, tan pronto como entre, voy a felicitarlo por lo bello que ha quedado el jardín. Es un día caluroso y él está trabajando muy duro para que quede bien".

Es realmente sorprendente cuán fácilmente la ingratitud puede desgastar nuestros hábitos y costumbres.

Sin embargo, no debería ser una sorpresa, porque la ingratitud es la raíz principal de muchos otros pecados. Y si no ponemos el hacha en la raíz, le dejamos a Satanás un lote amplio y vacante sobre el cual instalar su pequeño despacho de horrores en nuestro corazón.

¿Crees que estoy exagerando un poco la situación?

Bueno, si piensas en el primer capítulo de Romanos, ¿qué se te viene a la mente? Puede que recuerdes que los primeros párrafos de la carta de Pablo hablan acerca de la "ira de Dios" que se revela contra "toda impiedad e injusticia de los hombres" (v. 18). Pablo dice que están "llenos de toda injusticia, maldad, avaricia y malicia" (v. 29, NBLA) y una multitud de otros pecados, entre ellos la perversión homosexual, y su aceptación y aprobación en una cultura; así como cualquier cosa horrenda que te puedas imaginar.

Así pues, ¿cuál es el punto de partida de esta amplia variedad de actividades perversas? ¿Qué es lo que origina en las personas (y civilizaciones) un camino descendente hacia pecados aun más graves? La respuesta se encuentra en el versículo 21: "Pues habiendo conocido a Dios, no le glorificaron como a Dios, *ni le dieron gracias*, sino que se envanecieron en sus razonamientos, y su necio corazón fue entenebrecido". ¡Este asunto de la ingratitud, aparentemente insignificante e inofensivo, resulta ser la fuente principal de todas las otras maldades enumeradas en este capítulo!

Realmente es incalculable lo que puede crecer de la raíz de la ingratitud. El Dr. D. James Kennedy señaló con respecto a este pasaje que "una persona desagradecida está solo a un paso de saciar sus necesidades de manera ilegítima".[4]

¿Te das cuenta de lo grave que es el pecado de la ingratitud? ¿Recuerdas lo que hablamos en el capítulo uno acerca de cuán poco valor le dan algunos cristianos a la gratitud, y cuántas veces la pasamos por alto mientras nos centramos en cualidades "más esenciales"? Lo cierto es que cuando nos lamentamos, murmuramos y nos quejamos —sin glorificar a Dios ni darle las gracias (Ro. 1:21)— nos deslizamos en un tobogán destructivo que puede llevarnos a profundidades a las que nunca imaginamos llegar.

En verdad, la ingratitud es el primer paso para alejarnos de Dios.

INSTIGADORES DE INGRATITUD

Puede que te preguntes si acaso estoy exagerando un poco. Pero te aseguro que este no es un asunto insignificante. La ingratitud es una de las armas más letales de nuestro enemigo. Nuestros hogares y nuestras iglesias están sufriendo horrendamente sus efectos. De hecho, toda nuestra sociedad está sufriendo las consecuencias. Mucho de lo que está mal en nuestra vida —falta de sincronía, falta de alegría, falta de armonía— puede tener su raíz en la ingratitud. Por lo tanto, en todo momento debemos guardar nuestro corazón de caer en la ingratitud y estar atentas a los indicios, sentimientos y actitudes que pueden provocarla, tales como:

• *Expectativas irrealistas*. Podemos esperar muchas cosas —de la vida, el trabajo, de otros en general—, pero sea cual fuere la bendición que recibimos, nunca es lo que estábamos esperando. Puesto que necesitamos a Dios, pero no siempre buscamos a Dios, esperamos que *otros* tomen el lugar de Dios en nuestra vida, y confiamos en que ellos guíen nuestras decisiones, nos amen continua e incondicionalmente y suplan nuestras necesidades emocionales, físicas, sociales e integrales. Y cuando nos decepcionan —lo cual ocurre inevitablemente— en vez de estar agradecidas por el inmutable amor de Dios y su fidelidad en suplir nuestras necesidades, esas expectativas no cumplidas terminan por convertirse en un resentimiento que envenena nuestro corazón y nuestras relaciones.

• *Falta de memoria*. Dios les advirtió a los israelitas que tuvieran cuidado después de entrar en la tierra prometida, que no se olvidaran de Aquel que los había rescatado de la brutal esclavitud bajo la dictadura egipcia y los había llevado a aquella buena tierra. "Acuérdate" es una palabra clave del libro de Deuteronomio:

> "*Acuérdate* que fuiste siervo en tierra de Egipto, y que Jehová tu Dios te sacó de allá con mano fuerte y brazo extendido" (5:15).

> "*Acuérdate* bien de lo que hizo Jehová tu Dios con Faraón y con todo Egipto" (7:18).

> "Y te *acordarás* de todo el camino por donde te ha traído Jehová tu Dios estos cuarenta años en el desierto" (8:2).

> "Y digas en tu corazón: Mi poder y la fuerza de mi mano me han traído esta riqueza. Sino *acuérdate* de Jehová tu Dios, porque él te da el poder para hacer las riquezas" (8:17-18).

No obstante, el pueblo de Israel no se acordó... por el contrario, *se olvidó*:

> "De la Roca que te creó te *olvidaste*; te has *olvidado* de Dios tu creador" (Dt. 32:18).

> "Sino que se *olvidaron* de sus obras, y de sus maravillas que les había mostrado" (Sal. 78:11).

"*Olvidaron* al Dios de su salvación, que había hecho grandezas en Egipto" (Sal. 106:21).

La falta de memoria y la ingratitud van de la mano. Ellos se olvidaron de agradecerle a Dios por su liberación, su fidelidad, su provisión, su protección y sus milagros en favor de ellos.

Nunca nos debemos olvidar de que Él "nos ha librado de la potestad de las tinieblas, y trasladado al reino de su amado Hijo" (Col. 1:13). Debemos *recordar* que Él ha suplido fielmente nuestras necesidades y nos ha sustentado con su gracia.

Cuanto más alto es nuestro nivel de vida, más descontentas estamos.

Olvidarse no solo es dar lugar a la ingratitud, sino (como Dios dijo a los antiguos hebreos en Deuteronomio 8:19) "perecer"; ver que algo de nosotros se va muriendo día a día cuando podríamos estar experimentando vida abundante.

• *Presunción.* Estaba hablando acerca de este libro con un amigo de unos ochenta años que ha sido fiel en los caminos del Señor y en el servicio a Él durante la mayor parte de su vida. En un mensaje que me envió por correo electrónico identificó uno de los asuntos básicos más asociados con la ingratitud:

> En mi propia vida veo que tengo una predisposición innata, bien escondida, que es una actitud continua de "presunción". Reconozco que este, más que cualquier otro, es mi mayor problema.

Cuando no valoramos realmente las bendiciones elementales, como si fuéramos acreedoras de estas o, por el contrario, cuando comenzamos a pensar que nuestra casa, nuestro automóvil, nuestro guardarropa o nuestra situación general en la vida es menos de lo que nos merecemos, la ingratitud encuentra todo el oxígeno que necesita para proliferar.

Uno de los efectos secundarios infundados de todo el esfuerzo y energía que nuestra sociedad ha empleado en desarrollar nuestra autoestima individual y colectiva, es que nuestra cultura está plagada de un altísimo nivel de sentirse merecedora. Cuanto más prósperas somos, más alto es nuestro nivel de vida y, al parecer, más exigentes somos y más descontentas estamos. Ten cuidado al determinar el nivel de lo imprescindible o prescindible en tu vida, pues la altura de ese nivel afecta a casi todo.

• *Comparación*. Esto es más que llevar la cuenta de lo que tienen los demás y perturbarse por no tener lo mismo que ellos. Es totalmente peligroso y engañoso que nos enfoquemos en los sacrificios que *estamos* haciendo, el esfuerzo que *estamos* poniendo en el trabajo, las horas extras que *estamos* trabajando, cuando comparamos nuestro nivel de trabajo y compromiso con lo que otros están invirtiendo. Cada vez que nos centramos en nosotras mismas —aunque sea en las cosas buenas que estamos haciendo— dejamos de ser agradecidas por lo que otros están aportando. Dejamos de valorar a nuestro cónyuge, nuestros hijos, amigos y compañeros de trabajo cuando constantemente los vemos a través de nuestra propia sombra.

• *Dejar de ver la gracia de Dios*. Somos deudoras. Somos las que debemos. Las misericordias de Dios que "nuevas son cada mañana" (Lm. 3:23) no son bendiciones que merecemos, sino la gracia que proviene de la tierna mano de Dios para criaturas caídas, a quienes ha redimido por su buena voluntad. Ignorar tan inmerecido favor o considerarlo una obligación de Dios para con nosotras es dejar de ver que su gracia y gloria nos sustentan en medio de las batallas de la vida y hacen que el gozo fluya en y de nuestro corazón.

La ingratitud nos roba todo: buenas relaciones, humildad, contentamiento, deleite y el dulce andar con Cristo que es lo único que nos da acceso a la vida abundante.

Por tanto, en esta segunda carta a Timoteo, Pablo tuvo una buena razón al mencionar a los ingratos (ingratitud) justo en medio de una lista de compañeros tan malignos como los impíos, implacables, crueles y traidores (2 Ti. 3:1-5). No está incluida en esta lista por equivocación, pues la ingratitud es un pecado tan aborrecible como estas otras características malignas.

De hecho, la influencia que la ingratitud ejerce es tan poderosa que, cuando la tornamos en gratitud, es probable que eliminemos una multitud de otros pecados de nuestra vida. Observa la instrucción que Pablo les dio a los creyentes de Éfeso: "ni palabras deshonestas, ni necedades, ni truhanerías, que no convienen, sino antes bien *acciones de gracias*" (Ef. 5:4).

Cuando regresa la gratitud, trae con ella las bendiciones y la hermosura relativas a la santidad.

Y esta es una expectativa con la que podemos vivir.

CÓMO SE ACABA CON LA INGRATITUD

Cuando Paul David Tripp escribió *The Journal of Biblical Counseling* [El diario de la consejería bíblica], registró una escena que había presenciado más de una vez en varios de sus viajes a la India. Pero esta vez, por alguna razón que solo el Espíritu Santo conoce, el Señor lo confrontó con la gravedad de todo esto de una manera que nunca antes había experimentado.

Al pasar por Nueva Delhi, uno de los suburbios más horrendos del mundo, se quedó perplejo ante la imagen de un niño de tres años que estaba apoyado contra el catre de su madre enferma, tal vez moribunda. Los ojos del niño estaban hundidos, su estómago dilatado, su rostro infectado por las moscas; era la mismísima imagen de una pobreza inmensa, desvalida, nociva.

Las lágrimas que corrían por las mejillas de Paul al observar esta tragedia eran realmente la evidencia sincera de su compasión. Él anhelaba poder recoger a este niño y a su madre para alejarlos de aquella horrenda magnitud de dolor y necesidad sin fin.

Pero era más que una mera compasión lo que sentía. Era la percepción de que ni él ni aquel pequeño niño habían escogido las circunstancias en las que estaban viviendo. Las bendiciones de haberse criado en la abundancia, con padres piadosos, educado en escuelas de renombre y dedicado al Señor desde niño comenzaron a inundarle como olas, incluso mientras hacía todo lo posible para reconfortar y consolar al par de necesitados que tenía frente a él.

"No habría ninguna diferencia entre aquel pequeño niño y yo, si no fuera por el Señor", escribió. "Cuando estaba allí en aquel suburbio, sentí todas las quejas que había proferido como si fueran un peso sobre mis hombros. Entonces, sentí una gratitud tan profunda como creo que nunca he sentido en mi vida".[5]

No mucho después de regresar de su viaje, Paul se encontró con el líder de una iglesia de la India que había venido a los Estados Unidos a estudiar. En medio de su conversación, él le preguntó a este hombre qué pensaba de los estadounidenses, a lo cual su invitado respondió en un estilo asiático cortés:

—¿Quieres que sea sincero?

—Sí, escucho —le respondió Paul. Pero quién podría realmente querer escuchar esto:

—*Ustedes no tienen idea de cuánto tienen* —dijo el hombre— *y, sin embargo, siempre se quejan.*

Todas deberíamos estar de acuerdo, ¿verdad? En diferentes niveles y con justa razón se puede acusar a los estadounidenses de una total ingratitud. Pero ¿puede acusarse a la iglesia y a los cristianos de los Estados Unidos de lo mismo?

¿Puede acusársete a ti? ¿Se me puede acusar a mí?

Este sería un momento oportuno para hablar con el Señor acerca de esto. Si estas palabras expresan lo que hay en tu corazón, únete a mí en esta oración:

> Oh, Señor, perdóname por olvidarme a menudo de tu bondad, por actuar como si mereciera algo más (o diferente) de lo que he recibido, por pecar al compararme con los demás y comparar las bendiciones que yo he recibido con las de los demás, por no tener en cuenta muchas de las expresiones de tu gracia y por permitir que raíces de orgullo e ingratitud crezcan en mi corazón.
>
> Perdóname porque muchas veces y de muchas maneras desprestigio tu carácter y bondad, al verbalizar mi descontento y murmurar con los demás.
>
> Concédeme un espíritu de verdadero arrepentimiento y un corazón que siempre abunde y sobreabunde en gratitud hacia ti y hacia los demás.
>
> Sé que a Él le va a complacer escucharnos hacer esta oración.

❦ ❦ ❦

Por nosotras mismas no tenemos la tendencia natural a escoger agradecer. ¿Qué puede motivarnos a tomar la cruz, ser agradecidas y permitir que el Espíritu Santo coloque una nueva predisposición innata en nuestro corazón? Gracias a Dios, en las Escrituras encontramos toda la motivación que necesitamos.

Capítulo cuatro

¿Por qué debemos escoger agradecer?

La gratitud nos da la libertad de vivir contentos por el presente, en vez de estar ansiosos por el futuro o lamentarnos por el pasado.

Ellen Vaughn[1]

Matthew Henry, el predicador puritano del siglo XVIII, cuyo comentario bíblico se encuentra entre los más populares de todos los tiempos, fue asaltado por unos bandidos mientras vivía en Londres.

Tal vez lo hayas experimentado en carne y hueso; ya sea que te hayan robado tu automóvil o que al llegar a tu casa hayas descubierto que te entraron ladrones. Estas son algunas de las cosas más perturbadoras que le pueden suceder a una persona. Estoy segura de que también lo fue para un hombre de letras sereno y juicioso como Matthew Henry.

Sin embargo, después de reflexionar en ello (como escribió en su diario), no pudo dejar de pensar en algo que agradecer como resultado de su infortunio:

> Que sea agradecido, primero, porque es la primera vez que me roban; segundo, porque solo me quitaron la billetera, no me

quitaron la vida; tercero, porque aunque se llevaron todo lo que tenía, no era mucho; y cuarto, porque yo fui la víctima del robo y no quien lo perpetró.²

¡Qué buena perspectiva! Como alguien ha dicho: "si no puedes ser agradecido por lo que te ha sucedido, sé agradecido por aquello de lo que te has librado".

Es sencillamente cierto que la persona que ha decidido hacer de la gratitud su actitud y estilo de vida puede ver todo —¡*todo*!— a través de los ojos de la gratitud. Todo el mundo se ve diferente cuando somos agradecidos. Y la persona cuya gratitud es una gratitud cristiana —que no va dirigida a los buenos genes o a los mejores momentos de la vida, sino a Dios mismo— descubre que está profundizando su relación con Dios en muchos niveles.

Hasta ahora hemos establecido el hecho de que la gratitud es la respuesta justa y adecuada a la gracia redentora y sustentadora de Dios. También hemos visto su antítesis —la ingratitud— y descubrimos cuán engañosamente peligroso puede ser el espíritu de ingratitud en nuestra vida y nuestras relaciones.

Sin embargo, en las luchas continuas de la vida diaria —allí donde los sentimientos de insatisfacción y presunción pueden hablar más alto que nuestras mejores intenciones—, ¿por qué debemos escoger la gratitud por encima de la ingratitud?

Para empezar, aquí hay ocho buenas razones. El solo hecho de personalizar e internalizar esto debería ser suficiente para superar todo lo que nos tiente a quejarnos cuando deberíamos estar alabando.

1. LA GRATITUD ES UNA CUESTIÓN DE OBEDIENCIA

¡Oh, cómo desearía que fuera suficiente que tú y yo hiciéramos algo solo porque Dios nos lo ha dicho; no porque nos hará los dientes más blancos, o nos dará un mejor aliento, o nos ayudará a librarnos de las deudas o mejorará nuestras relaciones disfuncionales! No. Simplemente porque Él lo ha dicho.

Podemos escoger agradecer, por ejemplo.

El salmista escribió: "Ofrece a Dios sacrificio de acción de gracias, y cumple tus votos al Altísimo" (Sal. 50:14, NBLA). "Den gracias al Señor, invoquen Su nombre; den a conocer Sus obras entre los pueblos" (105:1, NBLA). Los Salmos están repletos de exhortaciones a "[dar] gracias al Señor por Su misericordia y por Sus maravillas para con los hijos de los hombres" (107:8, NBLA). Tener una "actitud de agradecimiento" es una instrucción y expectativa clara de Dios.

Este tema está implícito en todo el libro de Colosenses. En pocas páginas, el apóstol exhorta a los creyentes acerca de dar gracias a Dios siempre (1:3), abundar "en acciones de gracias" (2:7), a perseverar "en la oración, velando en ella con acción de gracias" (4:2). Después, como si resumiera toda la idea, Pablo la sella con una oración integral que lo incluye todo: "Y todo lo que hacéis, sea de palabra o de hecho, hacedlo todo en el nombre del Señor Jesús, dando gracias a Dios Padre por medio de él" (3:17).

Si te sientas a la mesa a cenar, sé agradecida.

Si te levantas de la cama, sé agradecida.

Si te estás recuperando de dos semanas de resfriado y tos, si estás pagando tus cuentas, si estás limpiando una empresa durante las horas de la noche, si estás conduciendo tu automóvil hasta el trabajo, si estás cambiando una bombilla, si estás alabando en un culto de la iglesia, si estás visitando a un amigo en el hospital, si estás recogiendo a los niños de la escuela o de los entrenamientos...

Sé agradecida. Dios lo ha mandado, para nuestro bien y para su gloria.

2. LA GRATITUD NOS ACERCA A DIOS

El mandato de Dios de ser agradecidos no es la exigencia amenazante de un tirano. Antes bien, es una invitación para toda la vida: la oportunidad de acercarnos a Él en cualquier momento del día.

¿Anhelas tener una mayor percepción de la cercanía de Dios? Cuando las presiones se intensifican, cuando las inquietudes nocturnas aumentan, cuando los días pasan sencillamente uno tras otro, o cuando la vida simplemente parece monótona y rutinaria, ¿anhelas tener la seguridad de la presencia de Dios?

Las Escrituras dicen que Dios habita entre las alabanzas de su pueblo (ver Sal. 22:3). Dios habita en lugares de alabanza. Si queremos estar donde Él está, tenemos que ir al lugar donde Él habita.

Este es un tema recurrente en los Salmos: "Entrad por sus puertas con acción de gracias, por sus atrios con alabanza" (Sal. 100:4). "Vengamos ante Su presencia con acción de gracias" (Sal. 95:2, NBLA). ¡La acción de gracias nos lleva hasta la misma presencia de Dios!

En el Antiguo Testamento, el tabernáculo era el lugar que Dios había apartado para encontrarse con su pueblo. Frente a la entrada del Lugar Santísimo —la sede sagrada de la presencia manifiesta de Dios— estaba el altar del incienso, donde cada mañana y cada noche, el sacerdote ofrecía incienso, lo cual representaba las oraciones y acciones de gracias del pueblo de Dios que buscaba acercarse a Él.

Estos ritos sagrados eran tipos y símbolos de una relación que nosotras, como creyentes del Nuevo Testamento, podemos disfrutar con Dios en cualquier momento y en cualquier lugar. Mediante su sacrificio en la cruz, Cristo nos ha concedido el acceso al Padre que habita en nosotras por su Espíritu.

Fíjate qué sucede cuando abres tu corazón de una manera nueva al Señor y vas más allá de lo normal, de las frases de alabanza y adoración enlatadas, casi obligatorias, a una alabanza verdadera que "con acción de gracias [lo exalta]" (Sal. 69:30).

Sí, fíjate si expresarle gratitud al Señor no lo "exalta" a tus ojos, y no incrementa tu profunda percepción de Aquel que conoce tu nombre y cuántos cabellos hay en tu cabeza, y que te manifiesta su amor con una bendición tras otra. Fíjate si la práctica de la gratitud intencional no te acerca todavía más a Él; no solo donde tu fe pueda creerlo, sino también donde tu corazón pueda sentirlo. La acción de gracias nos lleva a la morada de Dios y prepara el camino para llegar a su presencia.

> *La acción de gracias nos lleva a la morada de Dios.*

3. LA GRATITUD ES UN CAMINO SEGURO HACIA LA PAZ

Conozco a muchas mujeres que padecen de una falta notable de paz. A veces yo soy una *de* estas. No estoy hablando de una paz equivalente a tener un día sin programas en la agenda, en el cual nos podemos sentar cómodamente en un sofá con una taza de té y un buen libro. No es que esto no parezca acogedor, sino que, para ser sinceras, esto es algo que raras veces nos ocurre a la mayoría de nosotras. La paz de la que estoy hablando no requiere de una cabaña en la montaña o un fin de semana de vacaciones. Puede suceder en cualquier lugar, aun en los momentos más ajetreados y los lugares más concurridos de nuestra vida.

Y eso sucede solo porque la gratitud sabe dónde hallarla.

Si estuviéramos sentadas una frente a la otra, podrías decirme qué te está robando la paz en este momento sin tener que pensarlo mucho. Puede que estés atribulada por una pérdida que no logras olvidar. Puede que en las noches llores hasta que el sueño te vence por una situación con un hijo o una hija que escapa a tu control, por un fracaso matrimonial, por un niño que debe someterse a exámenes médicos de diagnóstico o, tal vez, por una rebelión contra

Dios y contra tus decisiones como madre. Tal vez tú misma estés experimentando algunos problemas de salud, o tus ingresos económicos simplemente no alcanzan a cubrir tus gastos mensuales, o tu iglesia está atravesando momentos de incertidumbre debido a un asunto polémico.

Sabemos que podemos y debemos orar por estos asuntos. Pero orar no es *todo* lo que podemos y debemos hacer. El apóstol Pablo escribió: "Por nada estéis afanosos, sino sean conocidas vuestras peticiones delante de Dios en toda oración y ruego, *con acción de gracias*. Y la *paz* de Dios, que sobrepasa todo entendimiento, guardará vuestros corazones y vuestros pensamientos en Cristo Jesús" (Fil. 4:6-7).

Para decirlo de una forma más simple: En *cada* situación... *oración* + *acción de gracias* = *paz*.

Cuando la oración se asocia a la gratitud, cuando abrimos nuestros ojos lo suficiente como para ver las misericordias de Dios incluso en medio de nuestro dolor, y cuando ejercemos fe y le damos gracias a Dios aun cuando *no podemos* ver sus misericordias, Él nos cubre con su indescriptible paz. Es una promesa.

Oh, podemos intentarlo de la otra manera: *sin* acción de gracias. La escritora y maestra de la Biblia, Beth Moore, describe la manera en la que la mayoría de personas vive, para lo cual realiza una antítesis total del conocido pasaje de Filipenses 4:6-7:

> Estén afanosos por todo, preocupándose constantemente y sintiendo que Dios les quiere fastidiar. Tengan pensamientos de "¿Y así me dan las gracias?", y quéjense por todo a todos, sin presentar sus peticiones a Dios. Y el ácido del estómago que sobrepasa todos los productos lácteos, les causará una úlcera, las cuentas médicas les provocarán un ataque al corazón, y acabarán ustedes perdiendo la razón.[3]

La oración es vital, pero, para que realmente experimentemos su paz, debemos ir a Él con gratitud. Una gratitud fervorosa. Una gratitud costosa. La clase de gratitud que confía que Él está obrando para nuestro propio bien aun en medio de circunstancias desagradables... la clase de gratitud que guarda nuestra mente y nuestro corazón atribulados con su inexplicable paz.

¿Estás enfrentando una o varias situaciones caóticas preocupantes? ¿Está tu alma desanimada por la lucha, el estrés y la tensión? Hay paz —la paz de Dios— esperándote tras las puertas de una gratitud premeditada. Pero la única forma de encontrarla es ir allí y comprobarlo por ti misma. La paz de Dios es una de las muchas bendiciones que aguardan al otro lado de la gratitud.

4. LA GRATITUD ES UN INDICADOR DEL CORAZÓN

Cuando invitas a cenar a algunas amigas, es un indicador fehaciente de que disfrutas de su compañía y te sientes cómoda con ellas. Cuando optas por ir a la iglesia en vez de dormir un poco más de lo normal los domingos, sugiere que valoras la adoración y la comunión cristiana más que las tertulias políticas, los desayunos sin prisa o los crucigramas del *New York Times*.

Y cuando te das cuenta de que estás siendo agradecida a Dios por la forma evidente, o incluso las maneras sutiles (o difíciles de entender), de bendecir tu vida, es un indicador de que tu corazón se siente atraído hacia el corazón de Dios, y de que crees que Él es bueno, fiel y que puedes confiar en Él.

Si comienzas a sentir que durante el transcurso del día brota de tu vida una gratitud santa, no será porque te estás esforzando por cumplir con una resolución de Año Nuevo. No por mucho tiempo. Las únicas personas que pueden mantener un flujo constante de acción de gracias entre ellas y Dios son aquellas que saben quiénes serían, qué sería de ellas y dónde estarían si Él no hubiera intervenido y las hubiera salvado de sí mismas.

"Ciertamente los *justos* alabarán tu nombre", escribió el salmista (Sal. 140:13). Dar gracias es un indicador de la verdadera condición de nuestro corazón. Aquellos que han sido hecho justos por la gracia de Dios serán individuos agradecidos.

Hace unos años tuve el privilegio de entrevistar a Joni Eareckson Tada, mi querida amiga que ha vivido tetrapléjica toda su vida adulta, a causa de un accidente al zambullirse en el agua a los diecisiete años de edad. Por más de cuarenta años, Joni ha inspirado a infinidad de otras personas —incluso a mí— con su optimista capacidad de recuperación a pesar de sus extremas limitaciones físicas y numerosas otras razones legítimas para lamentarse y quejarse.

Lo que Joni no sabía el día que la entrevisté, fue que mi corazón estaba atribulado por algunos asuntos ministeriales que me preocupaban en ese momento. A decir verdad, hacía meses que no experimentaba ni manifestaba un gozo incontenible. Mientras hablábamos, quedé cautivada por el espíritu y gozo indómitos de esta mujer, que tiene una miríada de retos y problemas que hacen que los míos parezcan minúsculos. A manera de consejo para mi propia vida y para los oyentes de nuestra emisión radial, le pregunté a Joni:

—¿Cómo haces para mantener un espíritu gozoso con todos los retos que debes enfrentar a diario?

—Sabes, Nancy, creo que sencillamente me he disciplinado tanto durante todos estos años a dar gracias en todo, que se ha convertido en un acto reflejo —dijo ella después de una leve pausa.

De toda la comprensión interior que Joni manifestó aquel día, su sencilla respuesta llegó hasta lo más profundo de mi corazón. Me di cuenta de que hacía años que mis actos reflejos ante las circunstancias difíciles, casi siempre, habían sido de "quejarme" en vez de dar gracias *desde un principio*. La reacción de preocuparme, de sucumbir ante el desaliento y de expresar pensamientos negativos ante las presiones y los problemas, habían llegado a ser un patrón innato en mí. Aquel día, el Señor me mostró mi necesidad de desarrollar un nuevo patrón de respuesta, uno de "dar gracias en todo".

No puedo decir que lo haya logrado por completo, pero a eso me dirijo.

El corazón agradecido que desborda de gozo no se logra en un momento; es el fruto de miles de decisiones.

El corazón agradecido que desborda de gozo no se logra en un momento; es el fruto de miles de decisiones. Es un patrón y hábito santo que, con el tiempo, se convierte en un nuevo músculo de nuestra nueva composición espiritual. Además, igual que cualquiera de las otras características santificadas, la gratitud no produce mayor amor ni mayor aceptación por parte de Dios, sino que llega a ser un indicador fehaciente de cómo está nuestro corazón con Él. Procura tener un corazón agradecido, evalúate, y sabrás si estás creciendo —o menguando— en la gracia.

5. LA GRATITUD ES LA VOLUNTAD DE DIOS

Sé que muchas personas quieren saber cómo conocer la voluntad de Dios para su vida, en especial, respecto a las decisiones más importantes y trascendentales de la vida. En ocasiones, todas nos encontramos en la necesidad de buscar la dirección de Dios sobre asuntos tan grandes y potencialmente confusos como las decisiones relacionadas con la universidad, la profesión y el matrimonio.

No obstante, es interesante observar que, cuando recurrimos a las Escrituras en busca de la voluntad de Dios, no encontramos muchas cosas que tengan que ver con lo que debemos hacer, a dónde debemos ir o a qué personas debemos conocer. Esto se debe a que la voluntad de Dios no tiene que ver tanto con un lugar, un trabajo, o una pareja específica, sino más bien con el *corazón* y un *estilo de vida*. Lo que encontrarás en la Palabra, sin embargo, son claras manifestaciones de la voluntad de Dios; no solo para ti, no solo para mí, sino para todos.

Y una de estas es la gratitud: "Dad gracias en todo, porque esta es la voluntad de Dios para con vosotros en Cristo Jesús" (1 Ts. 5:18).

Indudablemente, los detalles no son menos importantes para Dios. Determinar a qué iglesia asistir, qué casa alquilar, para qué puesto de trabajo presentarse y, tal vez, incluso en qué hotel hospedarse en las vacaciones, son decisiones para las cuales Él nos da sabiduría, cuando buscamos de Él y caminamos de acuerdo a los principios de su Palabra.

No obstante, con el tiempo te darás cuenta de que las decisiones solo cambian por año y color. Una decisión que hoy puede ser enorme se achica en retrospectiva y es reemplazada por otro grupo más de opciones que se ajustan a cualquier etapa de la vida en la que nos encontremos. Es allí cuando descubrimos que la voluntad de Dios es mucho más grande y amplia que los detalles en letras pequeñas y las medidas exactas. En cambio, está caracterizada por un puñado de constantes simples que les restan importancia a nuestras preguntas específicas y a nuestras súplicas por dirección.

En otras palabras, puede que estés más cerca de escuchar el corazón de Dios acerca de ciertos asuntos apremiantes, si simplemente haces lo que ya *sabes* que es la voluntad de Dios, en vez de hacer una lista de los pros y los contras o de angustiarte por tener que decidir entre varias opciones.

"Dad gracias en todo, *porque esta es la voluntad de Dios* para con vosotros en Cristo Jesús". Cuando estás enfrentando circunstancias desconcertantes, cuando no sabes qué hacer o qué camino tomar, sé agradecida, y te encontrarás justo en el centro de la voluntad de Dios.

6. LA GRATITUD ES UNA EVIDENCIA DE ESTAR LLENO DEL ESPÍRITU

"¿Qué significa estar lleno del Espíritu Santo?". "¿Cómo podemos saber que estamos llenos del Espíritu?". Estas preguntas han generado una avalancha de libros, programas radiales y diálogo entre predicadores, teólogos y escritores cristianos. Las respuestas varían, dependiendo del sistema teológico que se manifieste. Algunos enfatizan ciertas evidencias "espectaculares" como resultado de estar lleno del Espíritu. Otros creen que algunas de estas evidencias cesaron con el cierre del canon bíblico.

Sin embargo, en un punto podemos estar todos de acuerdo: que los creyentes —tanto individual como colectivamente— deben estar llenos del Espíritu de Dios. Y el pasaje de las Escrituras que nos manda explícitamente "[ser] llenos del Espíritu" (Ef. 5:18), nos describe "cómo es" un creyente o cuerpo de creyentes; nos muestra las evidencias visibles de esta realidad invisible. Vemos que la vida llena del Espíritu tiene ramificaciones prácticas para cada ámbito en el cual vivimos y funcionamos. Algunas de las evidencias que acompañan, confirman y resultan de estar llenos del Espíritu son:

- Edificación mutua con palabras, himnos y cánticos espirituales (5:19)
- Alabanza a Dios en nuestro corazón (5:19)
- Humildad y sometimiento mutuo (5:21)
- Estructuras familiares y relaciones santas (5:22–6:4)
- Actitudes y comportamientos adecuados en el ámbito laboral (6:5-9)
- Victoria en la guerra espiritual (6:10-18)

La única evidencia que pasé por alto en la lista anterior no es menos importante que todas estas. Se encuentra en Efesios 5:20:

"[dar] siempre gracias por todo al Dios y Padre, en el nombre de nuestro Señor Jesucristo". ¡Estar agradecido es la evidencia principal de estar lleno del Espíritu!

No podríamos pensar, ni siquiera por un momento, que un hombre que abusa de su mujer es un cristiano lleno del Espíritu. Ni tampoco creeríamos a una mujer que afirma estar llena del Espíritu, si está estafando a su jefe.

Así que, ¡tampoco podemos creer que una persona que habitualmente se queja, murmura y se preocupa por sus presiones y problemas en vez de "dar gracias en todo", esté llena del Espíritu!

El hecho es que no podemos lamentarnos y quejarnos y estar llenas del Espíritu al mismo tiempo. Cuando en nuestro corazón reside un espíritu agradecido que se expresa en nuestros labios, es una evidencia de que el Espíritu Santo vive en nuestra vida, de que nos hemos rendido a su control, y de que Él está produciendo el fruto de su gracia en y a través de nuestra vida.

7. LA GRATITUD REFLEJA EL CORAZÓN DE JESÚS

Una de las cualidades del Señor Jesús, que puedes pasar por alto si no estás atenta, es su espíritu de gratitud, notable en varias ocasiones:

• *Al regreso de los setenta discípulos.* Jesús había enviado a estos seguidores a varias ciudades y aldeas de los alrededores de la región, y les había dado instrucciones precisas de proclamar el reino de Dios en cualquier lugar que fueran. Cuando regresaron para informar lo que había ocurrido en su ministerio, estaban tan emocionados que apenas podían proferir palabra. Ver el gozo del servicio cristiano reflejado en sus rostros y engalanado por la emoción de sus palabras hizo que Jesús se asombrara y se maravillara por la manera en la que el Padre obra a través de su pueblo: "Yo te alabo, oh Padre, Señor del cielo y de la tierra, porque escondiste estas cosas de los sabios y entendidos, y las has revelado a los niños. Sí, Padre, porque así te agradó" (Lc. 10:21). Ver a Jesús tan asombrado por la obra de la Trinidad, de la cual Él (por supuesto) es parte, es suficiente para querer contemplar la obra de Dios desde mi modesto punto de observación y asombrarme mucho más. Y ser más agradecida.

• *En la tumba de Lázaro*. Aun antes de pronunciar la declaración oficial de "Lázaro sal fuera", Jesús se dirigió al Padre —antes de la respuesta— y le dijo: "Padre, *gracias te doy* por haberme oído" (Jn. 11:41). No es difícil darle gracias a Dios *después* que Él responde nuestras oraciones y hemos visto el resultado deseado. Pero la prueba de la fe y la entrega a la voluntad de Dios es la capacidad de darle gracias *antes* de saber cómo va a responder.

• *A la hora de comer*. Si te pareces a mí en tu manera de bendecir los alimentos antes de comer, muchas veces harás apenas una pausa irreflexiva antes de devorar lo que tienes delante. Este no fue el caso de Jesús. Solo puedo imaginarme que al "[levantar] sus ojos al cielo" para bendecir los panes y distribuirlos entre los cinco mil, mostró una profunda e íntima alabanza y acción de gracias. (En el relato de Marcos 8 de la alimentación de los *cuatro mil*, el escritor dice que Jesús oró antes de repartir el pan y otra vez antes de repartir los peces; ¡hizo una oración antes de repartir cada alimento!).

• *Al enfrentar el calvario*. En mi mente, el ejemplo más notable que tenemos de Jesús dando gracias tuvo lugar en la última cena. A horas de ser traicionado, arrestado y juzgado, que en poco tiempo se desencadenaría en su crucifixión, Jesús conmemoró la fiesta de la Pascua con sus discípulos. La ceremonia judía implicaba no solo una, sino varias copas del "fruto de la vid". Cuando combinas y unificas los relatos de los Evangelios, parece que Jesús se detuvo al menos tres veces durante la ceremonia de la Pascua para *dar gracias*:

- Durante la cena, antes de tomar la copa (Lc. 22:17)
- Antes de repartir el pan (Lc. 22:19) y
- Después de la cena, antes de tomar la otra copa (Mt. 26:27)

Al destacar la importancia de lo que algunos podrían considerar un detalle intrascendente, los tres Evangelios sinópticos, así como el apóstol Pablo, comentan el hecho de que Jesús *dio gracias* antes de tomar los elementos (Mt. 26:27; Mr. 14:23; Lc. 22:17-19; 1 Co. 11:24). Él entendía que estos emblemas representaban su cuerpo, que pronto sería herido, y su sangre, que pronto sería derramada de una manera horrible para la salvación de los pecadores.

En una noche cuando, desde una perspectiva humana, Él tenía razones de sobra para pensar en sí mismo y entregarse a la autocompasión, al resentimiento o la murmuración, *le dio gracias* a su Padre celestial, con palabras que fluyeron de un corazón agradecido.

> *Él se entregó a sí mismo al Padre y al mundo, no bajo coacción, sino con fervor y gratitud.*

Aquello no fue algo insignificante. No fue simplemente una oración obligatoria hecha antes de comer. Toda la cena representaba el enorme sacrificio que Jesús estaba a punto de hacer. Al dar gracias por la copa y por el pan y después al repartirles los elementos simbólicos a sus discípulos, en realidad, Jesús estaba diciendo: "Sí, Padre, estoy dispuesto a rendirme a tu llamado para mi vida, cualquiera que sea el costo". Él se entregó a sí mismo al

Padre y al mundo, no bajo coacción, sino con fervor y... *gratitud*, agradecido por el privilegio de obedecer a su Padre y de cumplir la misión que le había encomendado en la tierra.

Mi propio corazón se siente convicto de pecado al escribir estas líneas y pensar cuántas veces mi servicio al Señor y a los demás se ve oscurecido por las sombras de la reserva (moderación, "hasta aquí llego y no más") y el resentimiento por el precio a pagar. *Oh Padre, perdóname por mis sacrificios y mi servicio desagradecidos. Que el espíritu de agradecimiento de Cristo llene e inunde mi corazón al cumplir tu llamado en mi vida.*

8. LA GRATITUD NOS PREPARA PARA EL CIELO

Esto es lo que estaremos haciendo por la eternidad. Oh, estoy segura de que esto no es *todo* lo que estaremos haciendo por siempre y, sin embargo, estoy segura de que cada acción, pensamiento, palabra o labor a lo largo de toda nuestra vida infinita con el Señor será una expresión de gratitud (literalmente) perpetua.

Sabemos que los cuatro seres vivientes en los cielos "no cesaban día y noche de decir: Santo, santo, santo es el Señor Dios Todopoderoso, el que era, el que es, y el que ha de venir" (Ap. 4:8). Los veinticuatro ancianos se postraron sobre sus rostros y le dijeron: "*Te damos gracias*, Señor Dios Todopoderoso, el que eres y que eras y que has de venir, porque has tomado tu gran poder, y has reinado" (11:17). Incluso ahora, en este preciso instante, la gratitud es el himno incesante en el cielo.

Y cada vez que hablamos y manifestamos nuestro agradecimiento aquí en esta base de operaciones tan temporal, unimos nuestras voces a las del gran coro de gratitud que mana delante del trono de Dios, y nos preparamos para lo que vamos a estar haciendo por toda la eternidad, donde le glorificaremos y le agradeceremos por todo lo que Él es y todo lo que Él ha hecho.

Por lo tanto, piensa en el día de hoy como un "ensayo general". Y simplemente hazlo del modo que lo harás "en vivo" en la función real.

❦ ❦ ❦

Ocho razones —y muchas más— para ser personas agradecidas. Algunas optan por la gratitud, pero la mayoría no. De cualquier modo, las implicaciones de esta decisión tienen mayor repercusión de la que nos podamos imaginar.

Capítulo cinco

De la queja a la alabanza

Hay algo que es indiscutible: la manera crónica de ver con ansiedad lo que no tenemos, o con gratitud lo que tenemos, muestra dos tipos de carácter muy diferentes.

Lucy C. Smith[1]

En nuestro intento por comprendernos mejor a nosotras mismas así como a los demás, normalmente agrupamos a las personas en una de dos categorías o descripciones mutuamente excluyentes, en las que una persona es de una manera o de otra.

Los desinteresados y los interesados.
Los que aman y los que pelean.
Los del tipo A y los del tipo B.
Los desorganizados y los organizados.

Algunas de estas características parecen ser innatas; otras son más el resultado de las decisiones que tomamos en la vida. Pero dependiendo del lado en el cual nos encontremos o nos coloquemos, el resultado será un conjunto de perspectivas y acciones totalmente diferentes a las del otro grupo.

Dos clases de individuos. Los optimistas y los pesimistas. Los madrugadores y los trasnochadores. Los fanáticos de los Yanquis y los fanáticos de los Medias Rojas.

Los agradecidos y los desagradecidos. Aquellos que se quejan y aquellos que adoran.

Difícilmente se pueda ser de ambas maneras. Quizás a veces, o en etapas; pero, a lo largo de toda tu vida, una o la otra dominará tu modo de ver y responder a casi todas las cosas. Decidirás ser agradecida o desagradecida, reconocer una bendición o pasarla por alto, reconocer un acto de bondad o ignorarlo negligentemente.

Tú decides.

La escritora de himnos de antaño, Fanny Crosby, tuvo que tomar esta decisión. Estoy segura de que cuando supo que la causa de su ceguera era el absurdo error de un médico, se vio obligada a hacer frente a las preguntas de "qué hubiera sido si". Las compresas calientes que su médico había empleado para curar la infección de sus ojos a las seis semanas de vida solo sirvieron para dañarle el tejido ocular. Aquel tratamiento la había dejado definitivamente ciega.

Pocas personas saben cómo es no ver; no poder describir el color amarillo, o distinguir el rostro de un ser amado entre la multitud, o transitar por la ciudad o cruzar una calle con tan solo divisar los obstáculos y estar pendiente del tráfico. ¿Qué sucedería si las tareas más simples como servirse una taza de cereales, o contar el vuelto o clasificar la ropa sucia para lavar te requirieran la especial atención de tus sentidos de audición y tacto? Nos olvidamos de ser agradecidas por la bendición de poder ver.

Sin embargo, Fanny Crosby, escritora de más de ocho mil himnos, suficientes para llenar una colección de quince himnarios completos y para hacer que su casa editorial tuviera que asignarle diversos seudónimos a fin de que su producción fuera más creíble, veía las cosas de otra manera.

Ella estaba *agradecida* por la bendición de la ceguera.

A los ocho años de edad, compuso esta estrofa; un poema que tal vez no era tan maduro gramaticalmente, pero probablemente más maduro de lo que alguna vez lleguemos a ser algunas de nosotras, incluso en la vejez:

¡Oh, qué niña feliz soy, aunque no pueda ver!
He resuelto que en este mundo contenta viviré.
¡Cuántas bendiciones disfruto que otros no pueden tener!
Así que llorar o lamentarme por ser ciega, no puedo, ¡y nunca lo haré!

Imagínate poder decir, como Fanny Crosby: "No habría podido escribir miles de himnos si me hubiera distraído con todos los objetos interesantes y bellos que hubiera podido ver". Como escribió en su autobiografía: "Parece que la bendita providencia de Dios dispuso que me quedara ciega para toda la vida, y *le agradezco a Dios* por su designio" (cursivas añadidas).

"Le agradezco a Dios". Por la ceguera.

Dos clases de individuos: los agradecidos y los desagradecidos. Es la diferencia entre desperdiciar la vida y saber aprovecharla, entre estar cegado a la gloria y "A Dios sea la gloria", entre una amargura segura y la "Bendita seguridad".

Es una diferencia que se puede ver.

Como ya he dicho —pero no puedo dejar de repetir— pagamos un precio enorme por nuestra ingratitud. Después de décadas de ministrar a personas heridas, he llegado a la conclusión de que la imposibilidad de dar gracias es la causa principal de mucha, si no de toda, la tristeza, la desesperanza y el desaliento que tanto predominan incluso hoy entre los creyentes. Creo que la raíz de muchos de los pecados que están plagando y devastando nuestra sociedad se encuentra en la persistente ingratitud que rara vez es detectada.

Es imperioso que cultivemos una "actitud de agradecimiento" en nuestros corazones y nuestros hogares. Su presencia —como vimos en el último capítulo— trae consigo un sinnúmero de bendiciones, pero su ausencia tiene graves repercusiones.

En este capítulo quiero describir dos situaciones opuestas, que resaltan seis diferencias entre las personas agradecidas y las desagradecidas. Al leer cada punto, detente a reflexionar y pensar en cada situación, y luego pregúntate: ¿Cuál de las dos se asemeja más a mi vida? ¿Me distingo por ser alguien que alaba, o que se queja?

¡MEJOR DE LO QUE MEREZCO!

Una persona agradecida es una persona humilde, mientras que la ingratitud revela un corazón orgulloso.

Cuando alguien te dice que está agradecido por algo, está revelando mucho más que lo que siente acerca de una persona o circunstancia específica. Puede que te esté diciendo cuán agradecido está por su familia, o por el alivio de ser guardado de cierto peligro, o por la paz que experimenta en ese momento. Pero una persona que constantemente está agradecida —y que no le cuesta expresar gratitud— en realidad te está diciendo mucho más que eso.

Esto se debe a que la gratitud revela lo que hay en el corazón, no solo nos da a conocer detalles. Y entre las cosas que más revela de nosotras se encuentra nuestro nivel de humildad.

Aún recuerdo la respuesta que daba mi padre cuando le preguntaban cómo estaba. Es allí cuando iba más allá de la respuesta convencional de decir "Bien, gracias" y, generalmente, decía "¡Estoy mejor de lo que merezco!". ¿Qué impulsaba aquella respuesta? La respuesta es que Art DeMoss nunca se olvidó de que Dios lo había salvado, y de que si realmente hubiera recibido lo que legítimamente le correspondía, habría estado totalmente perdido.

Mi padre había sido bastante rebelde en su juventud, e imprudente al implicarse en problemas y juegos de azar. Pero el 13 de octubre de 1950, una fecha que mencionaba a menudo cuando relataba su historia a la gente, Dios abrió sus ojos y le mostró a Jesucristo para que se arrepintiera y creyera en Él por fe. Raras veces, si acaso, recuerdo haberlo escuchado relatar aquella historia sin lágrimas en sus ojos.

Esto se debe a que él sabía quién era y de dónde venía. Él sabía dónde Dios lo había encontrado y dónde podría haber terminado si Dios no hubiera intervenido en su vida. Esta es la clase de persona que no necesita entrar en muchos detalles para explicar quién es o mostrar lo que ha logrado. Él se explica a través de su gratitud. Henry Ward Beecher dijo una vez: "Una mentalidad humilde es el suelo fértil en el que crece espontáneamente el agradecimiento".

Sin embargo, cuando una persona se siente con derecho a ser bendecida, como si fuera acreedora de un trabajo, un sueldo, un hogar feliz, un cuerpo saludable, un automóvil deportivo y una jubilación excelente, no hace falta que le preguntemos muchas veces cómo le va para saber con quién estamos tratando. La falta visible de gratitud nos dice quién es, y su respuesta a casi todo revela un corazón lleno de orgullo.

Recuerdo la historia de unos antiguos amigos que un día se encontraron por casualidad en un comercio. Uno de los hombres estaba visiblemente decaído y deprimido, y ni siquiera podía expresar una leve sonrisa para festejar aquel encuentro casual con alguien que hacía mucho no veía.

—¿Cuál es el problema, amigo? —le preguntó el otro hombre.

—Oh, déjame que te cuente. Hace tres semanas murió un tío mío y me dejó 40.000 dólares.

—¿De veras?

—Sí, después, a la semana siguiente, murió un primo que casi ni conocía y me dejó 85.000 dólares. Después, a la otra semana, falleció una tía abuela y me dejó un cuarto de millón de dólares.

—¡Debes estar bromeando! —exclamó su amigo—. Entonces, ¿por qué tienes esa cara tan larga?

—Es que esta semana... ¡*nada*!

¡No hay duda de que esta historia es ficticia! Pero es bueno saber que cada indicio de ingratitud —aunque no sea evidente— es un indicador del orgullo de nuestro corazón. Henry Ward Beecher estaba en lo cierto cuando dijo: "Un hombre orgulloso raras veces es agradecido, pues cree que nunca recibe lo que se merece".

El orgullo es el padre de la ingratitud y el asesino silencioso de la gratitud.

Pensamos que nos merecemos mucho más. Pero ¿qué nos falta recibir? ¿Qué cosas de las que poseemos no vienen de Aquel "que nos da todas las cosas en abundancia para que las disfrutemos" (1 Ti. 6:17)?

> **Piensa en tu propia vida:** *¿Sueles manifestar más a menudo un espíritu humilde y agradecido, o un corazón orgulloso, independiente y desagradecido?*

CON MIS OJOS PUESTOS EN TI

Un corazón agradecido está centrado en Dios y, a la vez, es consciente de los demás, mientras que una persona desagradecida es egocéntrica y solo consciente de sí misma.

En 1973, cuando comenzaba a formarse la iglesia presbiteriana en los Estados Unidos, la incipiente denominación solo contaba con dos misioneros. Uno de ellos, un hombre llamado Dick Dye, trabajaba con ardor en el campo misionero mejicano de Acapulco, pero tenía poco para mostrar como resultado de su esfuerzo, y pocos recursos financieros para poder seguir allí por mucho más tiempo. Aquella tensión estaba comenzando a afectarle, pues día a día debía lidiar con demandas interminables, consecuencias en su cuerpo, alma y espíritu, y un futuro incierto. Le sobraban razones para cuestionar el propósito de Dios en enviarlo a ese lugar, así como para quejarse con alguien que lo escuchara.

Pero Dick Dye no era la clase de hombre que estuviera cabizbajo. Y, en ocasiones, cuando levantaba la vista hacia las montañas circundantes de Acapulco, podía ver a la distancia —por encima de la ciudad— una enorme cruz visible casi desde todos lados. Para un hombre centrado en Dios, que sabía que había más para su obra misionera que resultados visibles y estadísticas positivas en los informes misioneros, la visión de aquella cruz era lo que lo motivaba a seguir adelante algunos días. Recordar a quién estaba sirviendo y por qué estaba allí, así como ser agradecido aun con tantas cosas desalentadoras, era lo que le ayudaba a dar cada paso y alabar a Dios mientras seguía adelante mes tras mes.

Un día, Dick decidió subir a aquella montaña para ver si podía localizar y ver mejor aquella cruz inmensa. Cuando finalmente llegó allí, encontró que la cruz estaba adosada a un gran hotel.

Y volvió a descubrir que es difícil que las personas centradas en Dios no estén además orientadas a servir al prójimo.

Dick estacionó su automóvil, entró en la recepción del hotel y pidió hablar con el gerente.

—¿Tiene una cita? —preguntó la recepcionista.

—No, señorita. Solo quiero decirle algo.

—¿Qué quiere decirle?

—Bueno, solo... quiero decirle "gracias".

Cuando finalmente Dick entró a la oficina del gerente, cuando le dijo cuán inspiradora y alentadora había sido la cruz del hotel para él en medio de la soledad y el desánimo de la ciudad, aquel hombre inclinó su cabeza sobre el escritorio y comenzó a llorar.

Después de varios minutos en aquella situación embarazosa, cuando al fin pudo recobrar la compostura, logró musitar con un nudo en la garganta:

—Hace varios años que esa cruz está allí, y todo lo que siempre he escuchado han sido críticas. Eres la primera persona que me dice: "Gracias por la cruz que pusiste allí".

—Bueno —dijo Dick, al tratar de explicarle por qué se sentía naturalmente atraído a ella—, es que soy un misionero en esta ciudad, entonces...

—¿Dónde está tu iglesia? —interrumpió el hombre.

—En realidad, no tengo una iglesia. Es decir... no nos reunimos en ningún lugar en particular.

—Acompáñame —dijo el gerente, mientras lo llevaba hasta una hermosa capilla en la propiedad del hotel.

Cuando entraron a la capilla, el gerente le dijo a Dick:

—Aquí hay un servicio religioso a las 9:00 y otro a las 11:00 cada domingo por la mañana. Pero, de ahora en adelante, a las 10 de la mañana es tuyo. Puedes comenzar las reuniones aquí la próxima semana.

En cuestión de años —desde aquel sorprendente comienzo—, Dios levantó cuatro congregaciones mejicanas bajo la supervisión del misionero presbiteriano Dick Dye. Y todo comenzó con un simple gracias; y con dos hombres que estaban centrados en Dios y, a la vez, orientados a servir al prójimo.[2]

Los individuos agradecidos son personas afectivas que buscan bendecir a otros, mientras que los desagradecidos se sienten inclinados a gratificarse a sí mismos. Tienden a centrarse en sus necesidades, sus heridas, sus sentimientos, sus deseos, cómo los han tratado, ignorado, decepcionado o herido. Una persona desagradecida está llena de sí misma, y raras veces se detiene a pensar en las necesidades y sentimientos de los demás.

A propósito, creo que es por ello que comúnmente el resultado de la ingratitud es el pecado de la impureza moral. Una persona que no piensa en nadie más que en sí misma, cuya vida entera gira alrededor de sus propias necesidades, es presa fácil del diablo y tiende a acusar a Dios de ser injusto y poco generoso. Un corazón desagradecido nota rápidamente cuando el ego se siente insatisfecho, y es susceptible a recurrir a acciones y conductas pecaminosas en un intento por eliminar el dolor y experimentar placer personal.

> **Piensa en tu propia vida:** *¿Sueles centrarte más en tus propias necesidades y sentimientos o en bendecir y servir a Dios y suplir las necesidades de los demás?*

ESTOY LLENA, ¡GRACIAS!

Un corazón agradecido está lleno, mientras que un corazón desagradecido está vacío.

Chuck Colson ha dicho: "Cualquiera que sea el poder adquisitivo, el estadounidense promedio disfruta una calidad de vida superior a los sueños más fantasiosos de cualquier persona incluso de hace varias décadas".[3] Entre las estadísticas que él presenta, menciona el libro de Gregg Easterbrook: *The Progress Paradox: How Life Gets Better While People Feel Worse* [La paradoja del progreso: Cómo mejora la vida mientras las personas se sienten peor]:

- Los ingresos reales per cápita se han duplicado desde 1960.
- La expectativa de vida casi se ha duplicado en el siglo pasado y sigue aumentando.

- El tamaño promedio de una casa nueva en los Estados Unidos ha aumentado de 103 m² (después de la Segunda Guerra Mundial) a 213 m² en la actualidad.
- El habitante promedio de Occidente es mucho más próspero que el 99,4% de todas las personas que hayan vivido en esta tierra.

Incluso durante la fuerte caída de la reciente recesión económica, los estadounidenses siguen siendo mucho más prósperos de lo que el resto del mundo se pueda imaginar.

Y, sin embargo, a pesar de semejante poder adquisitivo, el porcentaje de estadounidenses que se describe como "feliz" no es más alto en la actualidad que en la década de 1950. Y se calcula que el porcentaje de estadounidenses que sufre ataques de depresión es del 25% como mínimo.

En contraste con nuestra tendencia a estar tristes en medio de la abundancia, pensemos en el apóstol Pablo que, en un calabozo romano, privado de todo menos de lo más indispensable en la vida, escribió una nota de agradecimiento: "Pero todo lo he recibido, y tengo abundancia; estoy lleno" (Fil. 4:18). La mayoría de sus amigos lo habían abandonado. Sus enemigos eran muchos. Si alguna vez había disfrutado de alguna comodidad material, en ese momento era algo muy lejano y probablemente ya no existía. Se le había despojado de todo excepto la mera existencia, y sin embargo...estaba lleno.

¿Cómo hubiera sido una carta tuya escrita desde una cárcel? ¿O cómo hubiera sido la mía?

La diferencia entre estar lleno y vacío, por lo general, no es ser rico o pobre, estar en nuestra tierra o exilados, con la alacena repleta hasta el tope o con apenas unas latas de sopa y fideos. La diferencia es la gratitud.

Las personas desagradecidas se parecen a los envases que tienen un agujero, por el cual pierden todas las bendiciones que reciben y siempre necesitan algo más, algo nuevo para sentirse satisfechas.

Son como los israelitas de hace muchos siglos, a quienes Moisés advirtió: "Cuídate... no suceda que comas y te sacies, y edifiques buenas casas en que habites, y tus vacas y tus ovejas se aumenten, y la plata y el oro se te multipliquen, y todo lo que tuvieres se aumente; y se enorgullezca tu corazón, *y te olvides de Jehová tu Dios*" (Dt. 8:11-14).

Lleno, pero nunca suficientemente lleno.

Steve Dale, el columnista de una agencia de noticias que responde preguntas de la gente acerca de sus mascotas, recibió un correo electrónico de alguien que buscaba consejo sobre qué hacer con su perro bóxer de doce años que tenía un tumor grande en su pata. Dos veterinarios diferentes habían acordado que era necesario extraer el tumor, pero admitieron que al hacerlo el perro perdería su pata. "¿Algún consejo?", preguntó el que escribió la carta.

Dale le respondió que los perros realmente parecen adaptarse bastante rápido a las tres patas después de una cirugía, y que al poco tiempo van de un lugar a otro igual que antes, corren a buscar las pelotas que sus dueños arrojan y son el terror de las ardillas del lugar. "Parece que simplemente no experimentan el trauma psicológico de sentirse tristes porque han perdido una pata, sino que todo lo contrario, actúan encantados de estar vivos".[4]

¡Oh, quién pudiera ser como Pablo!... y como el perro con tres patas. Tener un corazón lleno aunque estemos privados de las comodidades materiales, en vez de tener un corazón vacío cuando estamos rodeadas (aunque no somos conscientes de ello) de abundantes bendiciones. Muchas veces la gratitud es la única diferencia entre la tristeza dominante y la satisfacción genuina.

> **PIENSA EN TU PROPIA VIDA**: *¿Sueles centrarte más en lo que desearías tener (o no tienes) o en las bendiciones que tienes y son mucho más grandes de las que te mereces? ¿Tienes un corazón lleno, o siempre necesitas algo más para estar satisfecha porque tu corazón tiene un agujero por donde se pierden las bendiciones que Dios vierte en él?*

PARA MÍ, ESTÁ BIEN

Las personas con un corazón agradecido se contentan fácilmente, mientras que las desagradecidas están sujetas a la amargura y el descontento.

David Brainerd vivió enfermo la mayor parte de su joven vida truncada por la tuberculosis. No era exactamente la clase de condición adecuada para hacerle frente al campo agreste del Nordeste invernal a mediados del 1700, ni para soportar las tormentas de nieve, el hambre y los largos días de la obra misionera entre los indios nativos del oeste de Massachusetts sin colaboración alguna.

Una de las veces que se enfermó, mientras estaba en su pequeña choza, escribió en su diario ahora famoso: "Bendito sea el Señor que no estoy desprotegido y a la intemperie. Tengo una casa y muchas comodidades de la vida para mi bienestar". En otra ocasión, después de haber experimentado largas semanas de soledad, "entre pantanos, peñascos, noches oscuras y aislado de toda compañía humana", escribió: *Cuántos motivos tengo para estar agradecido* a causa de este retiro"[5] (cursivas añadidas). Además dijo que el contacto con las personas era agradable, pero que estar a solas con Dios lo había llevado a experimentar una relación íntima con su Salvador. Y había decidido ser agradecido por ello.

Así es, las personas agradecidas se contentan fácilmente, mientras que las desagradecidas tienden fácilmente a ser prisioneras de la amargura.

He hablado con muchas mujeres que siempre están tristes, "decaídas" o deprimidas. Los detalles y las razones varían, desde luego; pero después de muchas de estas conversaciones he llegado a la conclusión de que una de las razones principales de la melancolía y el hastío es no ser una persona agradecida.

> *Las personas desagradecidas tienden a aferrarse a sus derechos.*

Las personas desagradecidas tienden a aferrarse a sus derechos. Y cuando los demás no actúan como ellos quieren o esperan, se sienten justificados en sus exigencias y su inestabilidad emocional.

Es lo opuesto de lo que vemos en la vida de Rut en el Antiguo Testamento, que después de haber perdido su hogar y su esposo y de encontrarse sola con una suegra amargada en la tierra desconocida de Belén, decidió aceptar el designio de Dios y expresar gratitud por el simple acto de bondad de Booz. Ella nunca se olvidó de que era extranjera e indigna del más mínimo favor de nadie.

Igual que el pequeño Richie en el *Show de Dick Van Dyke*, que gritaba de alegría cuando su padre volvía del trabajo y, después de poner su mano en el bolsillo, sacaba el único regalo que le había llevado a casa aquel día —un clip para papeles—, no deberíamos necesitar mucho más para ser agradecidos.

Matthew Henry lo expresó muy bien: "Cuando no tenemos respuesta a la tristeza y el temor, podríamos recurrir a esto: 'Gracias a ti, oh Señor'".[6]

¡Es importante la gratitud!

De la queja a la alabanza | 83

> **Piensa en tu propia vida:** *¿Te sueles contentar fácilmente con el designio de Dios, o te resientes por las circunstancias o personas difíciles y te vuelves exigente o te deprimes cuando los demás no cumplen con tus expectativas?*

UNA CURA SEGURA PARA LA QUEJA

Un corazón agradecido se manifiesta y expresa mediante palabras de gratitud, mientras que un corazón desagradecido se manifiesta con murmuración y queja.

Una verdadera historia. Un grupo de una iglesia de New Bern, Carolina del Norte, había viajado al Caribe en un viaje misionero. Como probablemente sepas, las condiciones en aquellos suntuosos y lujosos centros turísticos distan mucho del pobre estilo de vida a los que muchos están sometidos en aquellas islas tropicales.

Durante este viaje misionero en particular, el anfitrión los llevó a visitar una colonia de leprosos en la isla de Tobago. Mientras estaban allí, tuvieron un servicio de alabanza en la capilla de las instalaciones. Como puedes imaginarte, el panorama poco habitual de los demacrados leprosos sentados en hileras sobre los rústicos bancos de la capilla taladraba fuertemente la mente y los recuerdos de cada visitante.

Pero ningún recuerdo dejó una huella como esta:

El pastor anunció: "Tenemos tiempo para un himno más. ¿Alguien tiene un himno favorito?". Luego se fijó en una paciente solitaria que, sentada dificultosamente en la última fila, estaba de espaldas. Ante el pedido de un último himno, con gran esfuerzo, giró su cuerpo lentamente en dirección al pastor.

Tal vez "cuerpo" sea una descripción generosa de lo que quedaba de ella. Sin nariz, sin labios y simplemente con los dientes al descubierto y torcidos dentro de un cráneo blanquecino, levantó la protuberancia escuálida de un brazo (no mano) para ver si podía pedir que cantaran su himno favorito. Sus dientes se movían al ronco sonido de su voz mientras decía: "¿Podemos cantar 'Bendiciones, cuántas tienes ya'?".

Las personas agradecidas se caracterizan por las palabras de agradecimiento.

El pastor bajó del púlpito y salió corriendo de la capilla hacia el jardín lindante con lágrimas que rodaban por sus mejillas. Uno de los visitantes corrió a ocupar su lugar y comenzó a cantar el conocido cántico en aquel lugar extraño, posiblemente el "menos bendecido" de cualquier lugar del universo.

Un amigo salió afuera corriendo, abrazó al pastor que estaba llorando y, a manera de consuelo, le dijo:

—Seguramente, no podrás volver a cantar este himno, ¿verdad?

—Sí, lo cantaré —respondió el pastor—, pero nunca de la misma manera.[7]

Aquella leprosa monstruosamente deformada nos recuerda que las personas agradecidas se caracterizan por las palabras de agradecimiento, mientras que las desagradecidas se distinguen por la protesta, la queja, la murmuración y la lamentación. Algunos protestan porque Dios puso espinas en las rosas, mientras que otros notan sabiamente —con respeto y gratitud— que Dios puso rosas entre las espinas. Escucha lo que las personas dicen cuando hablan de las cosas de su vida diaria y verás en un instante la diferencia entre la gratitud y la ingratitud.

> **Piensa en tu propia vida:** *¿Pasas más tiempo pensando en las bendiciones o en los problemas de tu vida?*

QUIERO LO QUE ÉL TIENE

Las personas agradecidas son una fuente refrescante de vida, pero las personas desagradecidas arrastran consigo a otros a las aguas estancadas de su egoísmo, exigencia y desdicha.

Muchas personas piensan que los puritanos eran cristianos sombríos y tristes. Pero están equivocados. En su libro de 1859 acerca de la vida y época del predicador puritano Matthew Henry, Charles Chapman mencionó lo siguiente:

> [Matthew Henry] poseía la loable disposición y habilidad de ver el lado bueno de todas las cosas... Había belleza en su espíritu y felicidad en su corazón, lo cual hacía que otros pensaran: "¡Qué feliz debe ser la vida de un cristiano!". A pesar de que no se caracterizó por la indulgencia, disfrutó las bendiciones de Dios con agradecimiento...
>
> Esta alegría... se extendía a toda su vida... Una razón de la gran influencia que ejercía en la vida de muchos que no eran precisamente hombres religiosos, era la persistencia de ese espíritu de felicidad que ellos veían y deseaban.[8]

Reconozco que mi "tendencia" natural es reaccionar ante las personas y circunstancias de la vida de una manera negativa. Cuando me preguntan cómo me va, con frecuencia, lo primero que me viene a la mente es la carga de una preocupación que estoy llevando, una ofensa que estoy albergando o la fecha límite de un trabajo que estoy realizando. Como resultado, temo que las personas que pasan bastante tiempo conmigo puedan llegar a pensar que es difícil y fatigoso ser un cristiano y servir al Señor. El testimonio de Matthew Henry me presenta un gran reto y me motiva a querer tener lo que él tenía: la clase de disposición que hace que otros piensen: "¡Qué feliz debe ser la vida de un cristiano!".

Todas sabemos lo que es estar rodeada de personas que constantemente ven la vida desde un punto de vista negativo. Solemos evitar y evadir a estas personas. Ya tenemos bastante con preocuparnos por nosotras mismas sin necesidad de abrumarnos por la letanía de quejas de otra persona, ¿no es cierto?

No estoy diciendo que a veces no sea conveniente contarle nuestros problemas a una amiga que se interesa por nosotras. No estoy diciendo que debamos responder automáticamente que estamos bien cuando nos preguntan cómo estamos. Sino que, antes de hablarle de nuestros problemas a alguien, primero le digamos cuán bueno es Dios y cuán bendecidas somos de ser sus hijas.

Sé agradecida.

Como dije antes, es la diferencia que se puede ver... y sentir.

La ingratitud es una sustancia tóxica que envenena la atmósfera de nuestros hogares y lugares de trabajo. Contamina los corazones y las relaciones. Las madres y los padres pueden quebrantar el espíritu de sus hijos con la ingratitud, y los esposos y esposas pueden anestesiar toda la sensibilidad del cónyuge que una vez prometieron amar y respetar para siempre en el altar de la iglesia. Podemos ser obsesivas acerca de eliminar la bacteria causante de enfermedades y olores de las mesas y los sanitarios de nuestro hogar, pero nada es más contagioso en nuestro hogar que un espíritu desagradecido.

Bueno, tal vez haya algo.

Yo diría que la gratitud es igual de contagiosa. Si estás enferma y cansada de vivir en un hogar donde todo el gozo y la belleza han sido absorbidos por palabras y actitudes negativas y desagradecidas, puedes hacer un cambio. Puedes llegar a ser la clase de persona con la que siempre quisiste rodearte. La clase de persona que hace que Jesús y su evangelio sean atractivos para todos aquellos que se conmueven con tu "espíritu de felicidad" y agradecimiento.

> **PIENSA EN TU PROPIA VIDA:** *¿Qué efecto provoca tu espíritu en aquellos que te rodean? ¿Se sienten ellos edificados y animados con tu espíritu de agradecimiento? ¿O se sienten abrumados por tus palabras y actitudes negativas y desagradecidas?*

Dos clases de personas: las agradecidas y las desagradecidas. Los que alaban y los que se quejan.

Sin embargo, solo una clase, como Fanny Crosby, puede alzar los ojos ciegos al cielo y exclamar en espíritu y alma: "¡Sumisión grande, gozo total, visiones santas, la falta del mal!".

¿Qué clase de persona eres? ¿Qué clase de persona realmente quieres ser?

Si has leído hasta aquí, creo que Dios ha estado obrando en tu corazón, exponiendo toda raíz de ingratitud y dándote un nuevo deseo de ser una persona agradecida. Puede que en este momento estés pensando: "Quiero ser más agradecida, pero... ¿cómo?". ¡Estoy contenta de que me lo preguntes!

Capítulo seis

¿Cómo puedo dar gracias?

La gratitud nace en aquellos corazones que se toman tiempo para pensar en las misericordias del pasado.

Charles Jefferson

Brad Morris hizo un gran sacrificio para viajar desde Texas hasta Las Vegas para asistir a la boda de sus amigos. (Después de todo, no eran antiguos compañeros de estudios, sino simples compañeros de trabajo que había conocido y con los que había simpatizado). Sumado a ello, fue muy generoso de su parte al enviarles el regalo por adelantado de un billete liso y nuevo de cien dólares. Sin duda alguna, no era un juego de vajillas de cinco piezas o de copas de su cristalería favorita; pero tratándose de un joven soltero que intentaba honrar a la feliz pareja con sus mejores deseos para su futuro matrimonio, no creo que hubiera provocado el comentario negativo de ningún experto en etiqueta y comportamiento social.

Por lo tanto, no podemos más que solidarizarnos con sus sentimientos cuando, después de un mes, le llegó un mensaje por correo electrónico con un encabezamiento general que decía:

"Estimados amigos". Los remitentes de este mensaje electrónico procedieron a agradecer a todos por haber asistido a su reciente boda y, de paso, "por todos los regalos bonitos". "De mal gusto y lamentable" es como Brad describió los diez minutos que les llevó a sus amigos cumplir con el agradecimiento en su lista de sus cosas por hacer. "Hubiera preferido *no* recibir ningún agradecimiento en vez de recibir *eso*".

Pero esto es parte de una tendencia descendente según lo informa un artículo del periódico *USA Today*,[1] el cual señala que las atentas y sinceras tarjetas de agradecimiento están siendo reemplazadas cada vez más (si es que se envía algo) por un mensaje por correo electrónico que tan solo representa un acuse de recibo.

Para algunos esto podría remontarlos a su niñez, cuando, después de la Navidad y los cumpleaños, sus padres les obligaban a completar tarjetas de agradecimiento que decían: "Querido _____. Gracias por _____. ¡Me encanta! Firmado _____". Sinceramente, nadie creía que el agradecimiento fuera tan genuino; era solo una cuestión de "buenos modales". Cuando crecieron —lo suficiente para decidir por sí mismos si querían continuar con aquella farsa— muchos no le encontraron sentido a seguir haciendo algo que tuviera tan poco significado.

Dado el nivel general de desinterés actual en las antiguas tarjetas escritas a mano, no es de asombrarse que algunos crean hoy día que un mensaje por correo electrónico, apenas tecleado, sea más que suficiente.

Pero la gratitud es mucho más que cumplir con una lista de cosas por hacer o con un trámite. Hemos leído la Biblia lo suficiente para saber que a Dios no le agradan los intentos técnicos y limitados en lo que respecta a la obediencia. No podemos esperar recibir verdaderas bendiciones por el solo hecho de cumplir con un sentido de la obligación y el deber. El deseo de Dios no es que tan solo *expresemos agradecimiento*, sino que expresemos agradecimiento como fruto de *un corazón verdaderamente agradecido*.

Si nuestro agradecimiento nunca llega a ser más que cumplir con un una obligación mínima, si nunca vamos más allá de la rutina automática de llenar los espacios en blanco de las tarjetas de agradecimiento, nunca podremos experimentar la gracia de un estilo de vida lleno de un genuino y sincero agradecimiento.

Es hora de llegar al fondo de la gratitud, para que pueda ser mucho más que la tarjeta escrita a la ligera que aprendimos cuando éramos niños. ¿Estás cansada de quejarte? ¿Estás dispuesta a alabar? ¿Estás convencida de que la ingratitud no solo es un hábito malo, sino un pecado grave contra un Dios bueno y un pésimo reflejo de su gracia y su evangelio? ¿Estás dispuesta a convertirte en la clase de persona que renueva su hogar, su iglesia o su lugar de trabajo con un aire fresco de gratitud en vez de quejarse y criticar constantemente?

En este capítulo analizaremos algunas maneras prácticas de cultivar un corazón agradecido. No solo convencional y oficial, sino un nuevo estilo de vida.

LA EXPRESIÓN

Tal vez hayas escuchado hablar del granjero de Vermont que estaba sentado en el porche junto a su esposa de hacía cuarenta y ocho años y, al pensar en la gran compañía y apoyo que había sido para él en todo ese tiempo y cuánto significaba para él, la miró a los ojos y le dijo: "¡Esposa, has sido una mujer tan maravillosa que a veces no puedo dejar de decírtelo!".[2]

Quizás, varias veces a lo largo del día, se te vengan pensamientos de agradecimiento a la mente. Tal vez encuentres un billete de 20 dólares en el fondo de tu cartera, que no sabías que tenías. Puede que la persona de tu compañía de teléfono celular que te está ayudando a resolver un problema con tu cuenta esté siendo muy amable, servicial y gentil. Tal vez la lluvia pronosticada (que podría haber arruinado tus planes para la tarde) se dirigió al norte de la ciudad y pudiste disfrutar de un día soleado para llevar a cabo tus planes.

Oportunidades para ser agradecidas hay por doquier. Si las identificamos, por lo general, nuestra reacción es dejar que el pensamiento que nos viene a la mente ya sea suficiente gratitud. Pero la Biblia dice: "Así que, ofrezcamos siempre a Dios, por medio de él, sacrificio de alabanza, es decir, *fruto de labios* que confiesan su nombre" (He. 13:15).

Debido a mis responsabilidades, a veces debo cruzar un puente que pasa por encima del río Arkansas a primera hora de la mañana. En numerosas ocasiones, me quedo totalmente fascinada por la vista del sol que se asoma sobre el río, centelleante sobre las ondulantes aguas, sin poder dejar de decir en voz alta: "*Gracias, Señor, por este paisaje. ¡Es hermoso!*".

Palabras de agradecimiento similares salen a menudo de mi corazón y mi boca en otras situaciones: después de escuchar un sermón que me ha hablado a lo profundo de mi corazón, cuando estoy conmovida por la bondad o generosidad de una amiga, cuando recibo alguna bendición inesperada o cuando soy testigo de la maravillosa gracia de Dios en la vida de otra persona.

Si los mensajes de tu pastor son de aliento para tu corazón y de inspiración en tu caminar con Dios, no des por hecho que ya lo sabe.

La gratitud no es el juego de a ver quién aguanta más tiempo callado. Debe expresarse tanto a Dios como a los demás. Gladys Berthe Stern dijo: "La gratitud que se calla no le sirve a nadie".

Si la empleada de una tienda ha sido especialmente agradable contigo en la caja registradora, pide hablar con el gerente para decirle cuán buena ha sido la atención de su empleada y cuán agradecida estás por su actitud. Él estará contento de transmitirle tu felicitación, y ella volverá a su casa animada y motivada por su trabajo.

Si te llama la atención el jardín de flores de un vecino cada vez que estacionas tu automóvil en la entrada de tu casa, acércate a él y hazle saber cuán agradecida estás por el esfuerzo que pone en cuidar de su jardín y dile que cada año que pasa está más bello.

> *¿Es necesario realmente que expresemos nuestro agradecimiento con palabras, siempre y cuando lo sintamos en nuestro corazón?*

Si los mensajes de tu pastor son de aliento para tu corazón y de inspiración en tu caminar con Dios, no des por hecho que ya lo sabe y que está cansado de escuchar que su ministerio es de influencia en la vida de las personas. Míralo a los ojos y dale las gracias por su fidelidad en traerte la Palabra, o escríbele una nota sobre algo específico que dijo y que realmente ministró a tu vida.

Y, por supuesto, cuando te sientas cautivada por una gloriosa puesta del sol, o consolada en el dolor, o inspirada por algún dulce recordatorio de la esperanza que Dios nos da en medio de los problemas y adversidades de la vida, procura que tu alabanza resuene no solo en tu mente, sino en tu boca.

¡*Sí, exprésala en voz alta*!

¿Por qué es tan importante? ¿Es necesario realmente que expresemos nuestro agradecimiento con palabras, siempre y cuando lo sintamos en nuestro corazón?

Yo creo que es muy importante y que es necesario expresar los pensamientos de gratitud con palabras de agradecimiento. Pienso en muchos salmos que nos exhortan a *proclamar* alabanzas a Dios en presencia de los hombres. Presta atención a las palabras resaltadas en estos versículos extraídos del Salmo 145:

Generación a generación *celebrará* tus obras,
Y *anunciará* tus poderosos hechos...

Del poder de tus hechos estupendos *hablarán* los hombres,
Y yo *publicaré* tu grandeza.
Proclamarán la memoria de tu inmensa bondad,
Y *cantarán* tu justicia...

Te alaben, oh Jehová, todas tus obras,
Y tus santos te bendigan.
La gloria de tu reino *digan*,
Y *hablen* de tu poder...

La alabanza de Jehová *proclamará* mi boca;
Y todos bendigan su santo nombre eternamente y para siempre.

¿Te has convencido? Las alabanzas y acciones de gracias que se expresan tienen el poder de disipar ese espíritu de pesadez que a veces nos abruma y se nos adhiere como una manta húmeda. Y tienen el poder de hacer lo mismo en los demás. Además, creo que la alabanza y las acciones de gracias que se expresan (y se cantan) pueden contribuir a vencer las mentiras y las artimañas del enemigo. En mi propia vida he visto muchas veces que la duda, el temor, la confusión y la ansiedad se disipan, y que mi espíritu es sobrenaturalmente edificado y fortalecido cuando expreso mi alabanza y mi gratitud.

EL CANTO

Otro aspecto de la acción de gracias que a menudo encontramos en las Escrituras es la expresión musical.

El Salmo 28:7 (NBLA) dice: "El Señor es mi fuerza y mi escudo; en Él confía mi corazón, y soy socorrido; por tanto, mi corazón se regocija, y le daré gracias *con mi cántico*". El Salmo 147:7 (nbla) capta la idea: "*Canten al Señor con acción de gracias; canten alabanzas con la lira a nuestro Dios*".

La gratitud es una melodía con la que se puede danzar.

Sin duda lo fue para la nación de Israel en el Antiguo Testamento. Pienso en aquella ocasión festiva cuando los muros de la ciudad habían sido reconstruidos bajo el valiente liderazgo de Nehemías, después de toda la hostilidad y oposición que habían soportado para terminar la obra. "En la dedicación de la muralla de Jerusalén buscaron a los levitas de todos sus lugares para traerlos a Jerusalén, a fin de celebrar la dedicación con alegría, *con himnos de acción de gracias y con cánticos*, acompañados de címbalos, arpas y liras" (Neh. 12:27, nbla). La música y la acción de gracias van de la mano en la Biblia.

Puede que estés pensando: "¡Ay, es que yo no soy una buena cantante!". Yo tampoco. (¡La peor pesadilla de los técnicos de sonido es cuando mi micrófono está encendido y yo comienzo a cantar en medio de una conferencia o un mensaje!). Pero independientemente de nuestro talento natural para la música o la falta de este, la música es un instrumento poderoso de nuestra gratitud, que levanta nuestra cabeza. Y no tiene que *sonar* bien para *ser* bueno.

En el servicio de la iglesia. Mientras conduces el automóvil.

Mientras cortas el césped. Mientras barres el patio.

Al ir al buzón a buscar la correspondencia o cuando vas a recoger el periódico.

Cualquier oportunidad es un buen momento para expresar un cántico de gratitud.

Cuando estudiaba en la universidad me especialicé en piano, aunque desde entonces la vida ha limitado el tiempo que le dedico al teclado y ya no toco el piano muy a menudo. Sin embargo, en ocasiones, cuando estoy en casa me siento en la banqueta del piano, abro un himnario y comienzo a tocar mis himnos favoritos, uno a uno, y entono cánticos de alabanza al Señor. Mi corazón se renueva simplemente al cantarle a Él.

En otras ocasiones, puedo estar leyendo un pasaje de las Escrituras, tal vez uno de los Salmos, y comienzo a cantar las palabras, al son de mi propia melodía mientras repito esas mismas palabras de agradecimiento y alabanza al Señor. Hay algo especial al expresar con un cántico nuestro agradecimiento, no solo con palabras, que arraiga la gratitud en lo profundo de nuestra alma.

Por lo tanto, si sientes que, poco a poco, estás perdiendo tu aprecio por Dios y su bondad, trata de expresarlo con música.

LA POSTRACIÓN

"Dad Johnson" fue un querido amigo mío, que ahora ya está con el Señor. Aunque fue un hombre de negocios exitoso, la vida no siempre fue fácil para él. Su madre murió cuando él cumplió dos años, y perdió a su padre cuando tenía veinticinco años. Pero Dad Johnson era la clase de persona que, cuando lo llamé para saludarlo al cumplir sus ochenta y nueve años, me dijo: "Cuando me vaya con el Señor, quiero que me recuerden por ser un hombre agradecido". ¡Y realmente lo fue!

Sin embargo, aquel estilo de vida de gratitud se forjó en el fuego de la aflicción. Y ese fuego nunca fue más intenso que cuando tuvo que enfrentar con su esposa la muerte de su hija Karen de diecisiete años de edad en un accidente fatal, casi dos semanas antes de graduarse de la escuela secundaria.

Años más tarde, cuando yo tenía diecisiete años y vivía en la casa de Ed y Joyce Johnson en el sur de California, mientras estudiaba en la universidad, recuerdo escuchar a Dad J. relatar una escena que ocurrió inmediatamente después de que se enteró de la muerte de Karen. Nadie más que aquellos que han experimentado una pérdida repentina pueden entender realmente la profundidad del dolor que se siente, la confusión de pensamientos, los remordimientos y las reacciones que comprimen fuertemente cada arteria. No me lo puedo imaginar.

Pero no hace falta vivir una experiencia trágica en carne propia para escuchar lo que sucedió después y ser conmovido por la resistencia de una fe cimentada en la soberanía y bondad de Dios. La familia Johnson estaba pasando el fin de semana en una casa de campo vacacional en el sur del desierto de California. El señor Johnson vio a un amigo, acompañado de otros dos hombres, que se acercaban a la casa y salió para averiguar qué hacían por allí. Le dieron la noticia de que el automóvil de Karen había sido embestido por un conductor ebrio y que ella no había sobrevivido al accidente.

Los hombres entraron a la casa con el señor Johnson donde se reunió con su esposa y sus otros cuatro hijos más pequeños en la sala de estar. Entonces comenzó a decir: "Antes de preguntarle a Dios por qué se llevó a Karen en un accidente frontal hace algunas horas, *vamos a agradecerle* por los diecisiete años que la tuvimos". Sorprendente. Pero es verdad.

No hay nada malo en ser totalmente sinceros con Dios, en acudir en oración a Él para implorarle que sane nuestras heridas y alivie nuestro dolor.

Pero orar es más que pedir. La oración es un instrumento de alabanza y gratitud.

Piensa en la composición general de tus oraciones. ¿Están desequilibradas con demasiadas peticiones? ¿Están plagadas de quejas por tu condición actual o por las circunstancias que estás atravesando? ¿O —aun en esos momentos en los que sientes la necesidad desesperada de la intervención y el obrar de Dios— tus oraciones incluyen expresiones de gratitud?

Estas son preguntas importantes que debemos hacernos a nosotras mismas, no para desalentar nuestra sinceridad o negar la realidad, sino para ayudar a entrenar nuestros corazones a ver todo lo concerniente a nuestra vida dentro del contexto de la bondad y la bendición de Dios. No debemos olvidarnos de sus beneficios al enfrentar nuestros problemas. Incluso antes de vislumbrar su respuesta, agradece a Dios por estar allí, por escuchar, por hacer todas las cosas según el designio de su voluntad.

Pablo le dijo a Timoteo: "Exhorto ante todo, a que se hagan rogativas, oraciones, peticiones y *acciones de gracias*, por todos los hombres" (1 Ti. 2:1). Debemos procurar que nuestras "acciones de gracias" sean específicas, sinceras y extensas, igual que nuestras "rogativas" y "peticiones".

Si siempre has anhelado que orar fuera tan natural como respirar, prepara el camino con gratitud y verás que orar "sin cesar" se volverá una experiencia en vez de una excepción.

EN PRIVADO Y EN PÚBLICO

Para que la gratitud produzca gozo en nuestro corazón, debe expresarse en todo lugar y en toda oportunidad, tanto en privado ante Dios como en público ante los demás.

El profeta Daniel es un gran ejemplo bíblico de alguien cuya gratitud abarcaba su vida privada y su vida pública.

Después de orar a Dios para que le mostrara su interpretación del sueño de Nabucodonosor acerca de la estatua de varios metales con los pies de hierro y barro, Daniel recibió la revelación sobrenatural de Dios. Pero no salió corriendo a decírselo al rey tan rápido como pudo, para consolidar así su posición como el hombre más sabio del reino, sino que primero hizo una pausa para agradecerle a Dios por la respuesta.

"A ti, oh Dios de mis padres, *te doy gracias y te alabo*, porque me has dado sabiduría y fuerza, y ahora me has revelado lo que te pedimos; pues nos has dado a conocer el asunto del rey" (Dn. 2:23).

Otra vez, cuando el rey Darío decretó que en el lapso de treinta días todo aquel que hiciera oración debía dirigirse a él —una trampa que finalmente llevó a Daniel al pozo de los leones—, su respuesta ante aquella advertencia reveló el patrón característico de su vida: "Cuando Daniel supo que el edicto había sido firmado, entró en su casa, y abiertas las ventanas de su cámara que daban hacia Jerusalén, se arrodillaba tres veces al día, y oraba y *daba gracias* delante de su Dios, como lo solía hacer antes" (Dn. 6:10). Nada pudo disuadir a Daniel de su práctica habitual de ofrecer oración y acción de gracias, incluso frente a un gran peligro.

> *¿Cuán agradecida a Dios estás cuando nadie te está mirando?*

¿Cuán agradecida a Dios estás cuando nadie te está mirando?

¿Cuán rápida eres para dar gracias a Dios cuando todos te están mirando? ¿Cuánto espacio ocupa la gratitud en tu interacción con los demás? La gratitud no es simplemente para practicarla en privado, sino para expresarla en público.

¿Has estado alguna vez en uno de esos servicios religiosos o reuniones hogareñas, por ejemplo, donde el pastor o líder pide testimonios de alabanza por la bondad de Dios, y el lugar de repente se queda en silencio, como si todos tuvieran vergüenza de ser los primeros, o (tal vez) es la primera vez que ese pensamiento se ha cruzado en la mente de alguien en toda la semana? Solemos ser rápidas para contarles a los demás lo que nos preocupa, pero somos demasiado reticentes para manifestar expresiones de gratitud.

Sin embargo, David, en el Antiguo Testamento, fue irreprensible en lo que respecta a dar gracias públicamente: "Te alabaré entre los pueblos, oh Señor; cantaré de ti entre las naciones" (Sal. 57:9). "En la gran congregación te daré gracias; entre mucha gente te alabaré" (35:18, NBLA).

En privado, ante el Señor. En público, donde otros pueden escuchar y recordar la bondad de Dios.

Su gracia es realmente una maravilla para contemplar en cada etapa de nuestra vida, en todo tiempo, en todo lugar. Que nuestra gratitud no sea menos admirable.

CUÁNDO Y DÓNDE

Hay algunas maneras de expresar nuestro agradecimiento y nuestra alabanza.

Con nuestras palabras. Con la música y el canto. Con las oraciones en privado y en público.

Y hay tantas ocasiones como lugares para hacerlo.

Por ejemplo, en los días festivos. Más que simples ocasiones para intercambiar regalos o hacer una fiesta, estas son oportunidades programadas regular y puntualmente para meditar en la bondad, la gracia y las misericordias de Dios, así como proclamarlas. La Navidad, el día de Acción de Gracias (por supuesto) y otras ocasiones de celebración —desde las tradicionales y las del calendario de la iglesia— son acontecimientos preparados para celebrar y glorificarle a Él con nuestra alabanza.

Las vísperas de Año Nuevo que más recuerdo son las que he pasado en casa de amigos para celebrar la bondad de Dios y dar gracias por las bendiciones del año que culminaba y buscar las bendiciones de Dios para el año entrante, y donde juntos participamos de la Cena del Señor (recuerda que "eucaristía" significa "acción de gracias").

Los judíos del Antiguo Testamento tenían sus propios días festivos. Tres veces al año, cada hombre judío emprendía una peregrinación a Jerusalén, principalmente con el propósito de darle gracias al Señor. Al comienzo de la cosecha, ofrecían los primeros frutos de su producto anual, agradecían a Dios por lo que Él ya había provisto... y por lo que seguramente les proveería durante el resto del año.

Luego regresaban a Jerusalén en la Pascua para conmemorar y dar gracias a Dios por la liberación de sus antecesores de la esclavitud en Egipto. Finalmente, hacían un tercer viaje al final de la época de la cosecha para agradecer a Dios por la lluvia, el sol y la semilla que había transformado la tierra seca en provisión y abundancia.

Además, en el transcurso del año, había otros días especiales para la expresión de gratitud: por ejemplo, la dedicación del templo, cuando la celebración y la pompa alcanzaban niveles de alabanza y acciones de gracias sorprendentes.

De manera similar, hay momentos y ocasiones especiales en nuestra vida para expresar gratitud. De hecho, aquellos que me conocen bien son testigos de que no necesito mucho para tener una "excusa" para convocar una "¡celebración de acción de gracias!".

Poco después de mudarme a mi primera casa, invité a algunos amigos y vecinos para pasar una noche especial y dar gracias a Dios por su misericordiosa provisión en nuestra vida y consagrar nuestro hogar para ser usado para los propósitos de su reino.

Recuerdo otra importante celebración que tuvo lugar hace años. La invitación decía:

Estás invitado a participar de
"Una celebración de redención".

"Tened memoria de este día, en el cual habéis salido de Egipto, de la casa de servidumbre, pues Jehová os ha sacado de aquí con mano fuerte; por tanto, no comeréis leudado" (Éx. 13:3).

Con ocasión de mis treinta y cinco años espirituales, quiero invitar a mis amigos a unirse en la celebración de la gran dádiva de la salvación que es nuestra por medio de Jesucristo. Este será un tiempo informal de alabanza, adoración y testimonios.

La inauguración de una empresa. El comienzo de un nuevo proyecto ministerial en la iglesia. Los cumpleaños y aniversarios de boda. La vida está llena de ocasiones que pueden transformarse de meras fiestas y diversiones a momentos deliberados de gratitud en unidad. Estos no son simplemente hechos esporádicos o el transcurso del tiempo. Son oportunidades para darle gracias al Dador de toda buena dádiva que "colma de bienes [nuestros] años" (Sal. 103:5, NBLA).

Hasta los funerales pueden ser "días festivos" que convoquen al pueblo de Dios a dar gracias. Cuando mi papá se fue con el Señor el fin de semana que cumplía mis veintiún años, lloramos y estuvimos de luto. Pero también dimos gracias desde lo profundo de nuestro corazón por la influencia de su vida y su amor por nosotros y por el Señor, por la seguridad de su hogar celestial y por la promesa de que un día volveremos a reunirnos con él en la presencia de Jesucristo.

Pero no debería hacer falta una ocasión especial para que surja gratitud en nuestro interior, como si fuera necesaria una gran plataforma sobre la cual hacer su aparición. Las Escrituras nos llaman a expresar una gratitud diaria y continua:

- *Por la mañana y por la tarde.* David instruyó a los levitas a "asistir cada mañana todos los días a dar gracias y tributar alabanzas a Jehová, y asimismo por la tarde" (1 Cr. 23:30).
- *Tres veces al día.* El ejemplo de Daniel, mencionado antes en este capítulo, fue el de presentarse ante Dios a la mañana, al mediodía y a la noche, apartando momentos específicos del día para dar gracias por su bondad y fidelidad.
- *A medianoche.* "A medianoche me levanto para alabarte" (Sal. 119:62), escribió el salmista. Los momentos de desvelo en la noche son invitaciones a estar atentos al Señor para después agradecerle al volver a dormirse en un suave lecho de gratitud.

- *En todo tiempo.* "Bendeciré a Jehová en todo tiempo; su alabanza estará de continuo en mi boca" (Sal. 34:1). Cada vez que pensamos en las bendiciones de Dios, nuestro reflejo automático debería ser —y realmente puede ser— una gratitud instantánea.

¿Y por qué no? Después de todo, como dijo David: "¡Señor mi Dios, siempre te daré gracias!" (Sal. 30:12, NVI). Así que, ¿por qué no nos acostumbramos a expresar gratitud? No porque tengamos que hacerlo ni porque sea una orden, sino como el reflejo de un corazón verdaderamente agradecido.

☙ ☙ ☙

Por lo tanto, la gratitud debería ser un acto constante de cada hora, de cada día, de toda la vida. ¿Nos quedaremos alguna vez sin cosas por las cuales ser agradecidas? Imposible...

Capítulo siete

Gracias… por todo

*Cuando le agradeces a tu Dios
por toda su bendición,
¿acaso te queda tiempo
para la queja o la murmuración?*

R. C. Trench

Finalmente, era de esperar que llegáramos al capítulo sobre "las cosas por las cuales ser agradecidas". Es probable que fuera lo primero que esperabas encontrar, lo que habitualmente preguntamos alrededor de la mesa del Día de Acción de Gracias o lo que podríamos preguntarles a los niños en una clase de la escuela dominical cuando nos sobra tiempo.

Es lo más básico acerca de la gratitud.

¿De qué estamos agradecidas?

Pero tengo un motivo para haberlo dejado para la segunda mitad del libro. Es la diferencia (insisto) entre la gratitud cristiana y la simple gratitud convencional, entre escribir el nombre completo del destinatario o simplemente enviarle un sobre en blanco. Si no hacemos que nuestra lista de acción de gracias esté dentro del contexto de la gracia de Dios, es como despertarse a la noche y solo poder ver parte del reloj. Saber que son "y veinte" realmente no nos dice mucho. Pero si sabemos a qué hora corresponden los minutos, así como a qué Dador corresponde cada dádiva, no nos "quedaremos dormidas" a la hora de experimentar la gratitud en su totalidad.

No estoy tratando de restarle deleite a la cuestión de la gratitud o hacer que sea innecesariamente complicada. No quiero desarrollar una metodología o una técnica elaborada alrededor de este concepto bastante simple, como si solo las más sabias y espirituales entre nosotras pudieran realmente hacerlo de la manera adecuada.

Mi deseo es simplemente que seamos libres de experimentar y expresar más de la bondad de Dios, y guardarnos de contristar a su Espíritu cuando dejamos de "reconocer y expresar agradecimiento por los beneficios que hemos recibido de Él y de los demás".

¿Quién más que un cristiano puede agradecerle a alguien por una buena comida, un buen momento o un buen esfuerzo, al saber que aquello no solo ha sido el obsequio de otra persona, sino, a fin de cuentas, del Dios vivo?

Me encanta saber que Él cuida de mí y suple lo que necesito, no solo el aire que respiro y el alimento para mi sustento, sino infinidad de otras cosas que simplemente manan de su generoso corazón.

Y no quiero dejar de agradecerle por ni una sola de esas cosas.

Solo cuando la gratitud por los innumerables ejemplos de la gracia divina abre nuestros ojos, podemos ver suficientemente claro para seguir avanzando en medio de este mundo corrompido.

Por otra parte, si dejamos de agradecerle a Aquel que nos da todas estas bendiciones, lo único que nos queda es un manojo de hilos de colores —sí—, pero sin un diseño, sin un patrón, sin poder hacer de ese manojo de hilos algo verdaderamente útil o incluso sencillamente bello.

Nos quedamos con un manojo de "qués", pero... "¿y qué?".

LAS BENDICIONES MATERIALES VISIBLES

Por lo tanto, como Charles Spurgeon dijo: "Alabemos a Dios diariamente por las *misericordias comunes*; comunes como las llamamos regularmente y, sin embargo, tan indispensables que si nos despojaran de ellas podríamos perecer".[1]

Jabón de baño. Dentífrico.

Agua caliente. Detergente para lavavajillas.

Aire acondicionado. Plantas de interior.

La puesta del sol. Gafas de sol.

Tarjetas de cumpleaños. El cielo azul.

Linternas. Sábanas.

Fotos familiares. Fruta fresca.

Tazas para medir. Ropa de abrigo.

Libros. Bibliotecas.

Música agradable. Sábanas limpias.

Hojas de otoño. Tarjetas adhesivas.

Si no valoramos todo esto, si pensamos que la vida simplemente aparece con la existencia de todas estas cosas, si nos engañamos a nosotras mismas y creemos que los artículos de la vida cotidiana provienen del supermercado en vez de la gracia divina, entonces sencillamente estamos pasando de largo innumerables razones para alabar sin darnos cuenta siquiera de ello.

Las personas que no saben qué decir cuando les preguntan de qué están agradecidas —después de recitar la letanía casi automática de la fe, la familia, la comida y la salud— no son aquellas que están más cerca de Dios, no cuando Él nos ha dado tantas maneras de responder esta simple pregunta.

Bolígrafos. Hojas de papel.

Animales silvestres. Flores silvestres.

El seguro del automóvil. Palomitas de maíz.

Espacio en el altillo. Caminos pavimentados.

No solo es bueno tener estas cosas. Todo esto forma parte de "toda buena dádiva y todo don perfecto [que] desciende de lo alto, del Padre de las luces" (Stg. 1:17). Todo esto está incluido en el llamado bíblico a "[dar] siempre gracias por todo al Dios y Padre, en el nombre de nuestro Señor Jesucristo" (Ef. 5:20).

Las personas que se acuerdan de darle gracias a Dios por todo, desde un alicate hasta una podadora y los platos desechables, son aquellas que saben bien de qué se trata "todo" esto.

¡Y esa persona la puedes ser tú!

LAS BENDICIONES ESPIRITUALES

Aun cuando la gratitud convencional se esfuerza por no dejar ni una bendición de lado, desde un perchero hasta un clip para sujetar papeles, hay rincones a los que no puede llegar, profundidades que no puede alcanzar.

Si piensas que hay demasiadas cosas como estas para recordar, por las cuales estar agradecida, te pido que comiences a pensar más allá de la variedad animal, vegetal y mineral de las dádivas de Dios, y pienses también en sus bendiciones espirituales.

Te aseguro que esta lista es incluso más extensa.

Algo que considero muy importante cada año es mi "cumpleaños espiritual": el primer día que le entregué mi vida al Señor Jesús. En 2002, cuando festejé mis treinta y nueve años espirituales, hice una lista de treinta y nueve "regalos de cumpleaños espirituales"; dádivas que, de acuerdo con su Palabra, Él me ha dado a mí y les ha dado a todos sus hijos. Fue un gran recordatorio de cuántas cosas tengo por las que dar gracias. A medida que pasan los años, le sigo agregando cosas a la lista. Y dado que su generosidad es inagotable, ¡estoy segura de que mientras viva no me faltarán cosas por las que darle gracias a Dios![2]

Esta lista incluye cosas como la paz con Dios, ser adoptada

como miembro de su familia, ser salvada de su ira y tener un propósito por el cual vivir. Le doy gracias por darme dos grandes intercesores: Jesús en el cielo y el Espíritu Santo aquí conmigo. Le agradezco por darme un Abogado, un Defensor que diariamente me defiende de las denuncias y las acusaciones de Satanás. Le agradezco por restaurar mi alma, por darme una herencia con los santos, porque me da la fuerza para no tropezar y caer antes de llegar a la meta. Y la lista continúa.

Solo la gratitud cristiana, formulada y contextualizada dentro de la gracia incomparable de Dios, puede tener la esperanza de tratar de sostener entre sus brazos un paquete tan grande. Pero de todos modos vamos a intentarlo ¿verdad? ¡Quién sabe qué más podríamos encontrar en este gran paquete de obsequios!

• *La cercanía de Dios*. "Gracias te damos, oh Dios, gracias te damos, pues cercano está tu nombre" (Sal. 75:1). Imagínate si después de acercarse a nosotras para salvarnos, Dios nos hubiera dejado completamente solas para que cuidemos de nuestra salvación "con temor y temblor". Pero no, "porque Dios es el que en vosotros produce así el querer como el hacer, por su buena voluntad" (Fil. 2:13). Su Espíritu en nosotras, más cercano que el aire que respiramos, nos adiestra y a la vez nos alienta a seguir peleando la batalla de la vida diaria. Él está cerca cuando clamamos a Él, está cerca cuando lo necesitamos, está cerca cuando nos caemos, siempre está cerca.

Recibí un mensaje por correo electrónico de una mujer que había asistido a un retiro de fin de semana, donde habían construido un modelo del tabernáculo en tamaño real para que las personas pudieran recorrerlo. En su mensaje trataba de describir cómo le había conmovido la experiencia de entrar a aquel Lugar Santísimo simbólico. Ella escribió: "Fue sobrecogedor para mí darme cuenta, tan vívidamente, de que no tengo que arriesgarme a morir cuando entro en la presencia de Dios como era el caso de los israelitas". Las gruesas cortinas de separación se han rasgado en dos, de arriba abajo. Gracias a lo que Cristo hizo en la cruz, ahora podemos acercarnos a Dios.

Dios está cerca. Seamos agradecidas.

• *La santidad y fidelidad de Dios.* Sin duda, hay veces que, en nuestro error, sentimos que la inexorable santidad de Dios se parece más a una carga que a una bendición. Nos encontramos casi deseando que su ejemplo intachable y sus demandas justas no fueran siempre tan firmes e inflexibles.

Sin embargo, ¡cuán grande es la misericordia divina! Aunque nuestra naturaleza humana, corta de vista, pueda desear cierta flexibilidad dentro de su absoluta norma de perfección, hay algo en la vida en lo cual podemos confiar: Dios es santo y fiel. Su santidad es más inquebrantable que el Peñón de Gibraltar. Mientras todos los que nos rodean están sujetos a ser inestables y cambiantes, Él siempre es el mismo.

Esta firmeza de Dios no es algo por lo cual alarmarse y temblar. Antes bien, es una dádiva, la "seguridad bendita" de que sin importar cuán variables puedan ser aquellos que nos rodean, cuán inestable pueda ser nuestra propia situación, o cuántas veces o cuán profundo podamos caer, Dios siempre estará allí, siempre fiel, siempre confiable. "Cantad a Jehová, vosotros sus santos, y celebrad la memoria de su santidad" (Sal. 30:4).

Dios es santo y fiel. Seamos agradecidas.

• *La misericordia de Dios.* Insisto en que estoy agradecida de que Dios no rebaje sus normas para adaptarse a nuestra desobediencia e incapacidad. Estoy contenta de que podamos estar seguras de que Él es el mismo ayer, hoy y por los siglos. Además, ¡qué consuelo es recordar que "él conoce nuestra condición; se acuerda de que somos polvo" (Sal. 103:14)! Él entiende completamente —aun mejor que nosotras— que lo mejor de nosotras, de ninguna manera, llega a ser suficientemente bueno, y "Dios, que es rico en misericordia" (Ef. 2:4) ha descendido a rescatarnos y redimirnos mediante la preciosa ofrenda de su Hijo, el sacrificio perfecto.

"Te doy gracias, oh Señor, porque aunque estabas enojado conmigo, tu ira se ha apartado, y me has consolado" (Is. 12:1, NBLA). Aunque su respuesta justificable hacia nosotras era la ira, Él ha decidido mostrarnos su misericordia (ver Hab. 3:2).

No hay manera de poder retribuirle por su asombrosa gracia. Hay solamente una respuesta que apenas puede comenzar a calcular su valor: un corazón agradecido, que se expresa tanto en palabras como en obras.

Dios es misericordioso. Seamos agradecidas.

• *La salvación de Dios.* "Mas Dios muestra su amor para con nosotros, en que siendo aún pecadores, Cristo murió por nosotros" (Ro. 5:8). "Al que no conoció pecado, por nosotros lo hizo pecado, para que nosotros fuésemos hechos justicia de Dios en él" (2 Co. 5:21). "¡Gracias a Dios por su don inefable!" (2 Co. 9:15).

Cuando pensamos en el amor de Cristo, su sacrificio incomparable y la dádiva de su total redención, sellada y asegurada para siempre, ¡cómo podemos dejar que pase un solo día sin "[dar] gracias al Padre que nos hizo aptos para participar de la herencia de los santos en luz" (Col. 1:12)!

Dios nos ha salvado... del pecado y del mismísimo Satanás. De las tinieblas, la destrucción y la muerte. Seamos agradecidas.

• *El llamado de Dios.* El apóstol Pablo dijo: "Doy gracias al que me fortaleció, a Cristo Jesús nuestro Señor, porque me tuvo por fiel, poniéndome en el ministerio" (1 Ti. 1:12).

Cada una de nosotras tiene su propio ministerio. Puede ser el manejo de una casa y una familia, atender a pacientes, atender las necesidades de clientes y consumidores, enseñar a niños o una docena de otras cosas diferentes. También tenemos el privilegio de ministrar a otros en un nivel personal, prepararle la comida a una familia en crisis, visitar a los enfermos y a los ancianos, enseñar la Palabra de Dios en un grupo de estudio bíblico y muchas otras expresiones del servicio. Esto es algo que requiere mucho tiempo y nos desgasta.

De hecho, supongo que si hay una queja habitual que escucho cuando hablo con la gente —y en mis propias conversaciones internas— es la tensión que traen las múltiples ocupaciones, el agotamiento que conlleva el tener que mantener un constante malabarismo.

Pero ¿has pensado en ser agradecida por lo que yo llamo "la bendición de un trabajo relevante"? Reconozco que parte de ese trabajo puede parecer monótono, tedioso o irrelevante. (Por cada responsabilidad emocionante que disfruto, parece que hay otras diez responsabilidades o más que requieren de pura disciplina para cumplirlas y para las que no hay una recompensa obvia o inmediata). Estas tareas podrían dejarte exhausta al final del día (¡o incluso antes!). Seguramente, cada llamado tiene sus propios retos que nos mantienen en un estado de humildad y dependencia de Él.

En 1 Crónicas 1–9 encontramos principalmente genealogías y listas; ¡no es una sección de las Escrituras en la que normalmente nos guste ahondar! Pero hace poco me detuve a pensar en un párrafo que detalla las responsabilidades de algunos de los levitas. A algunos se les encargaba contar los utensilios del templo cada vez que los usaban. Otros "de los hijos de los sacerdotes hacían los perfumes aromáticos" (1 Cr. 9:30). Y también estaba Matatías, que "tenía a su cargo las cosas que se hacían en sartén" (v. 31). ¡No son precisamente las tareas que la mayoría de las personas soñaría hacer! Pero estos siervos fieles glorificaban a Dios al aceptar y cumplir su llamado todos los días.

Aunque algunas tareas puedan parecernos irrelevantes y tediosas, necesitamos recordar (¡y *yo* también!) que es un *privilegio* que el Dios vivo nos confíe una responsabilidad en su reino.

En medio del cumplimiento de plazos ministeriales implacables y tareas que parecen interminables, encuentro que la "carga" de la tarea que me ha sido asignada se aligera cuando la emprendo como un llamado santo y sublime, una dádiva a recibir con gratitud.

Aunque, sin lugar a dudas, Él no nos necesita para cumplir sus propósitos, Dios nos ha llamado a su servicio. ¡Seamos agradecidas!

Y TANTAS OTRAS

- Victoria sobre la muerte y el sepulcro. "Gracias sean dadas a Dios" (1 Co. 15:57).
- Liberación del pecado que mora en nosotras. "Gracias doy a Dios, por Jesucristo Señor nuestro" (Ro. 7:25).
- El triunfo final del evangelio. "Te damos gracias, Señor Dios Todopoderoso" (Ap. 11:17).

¡Oh, esta lista realmente no tiene fin!

Sus dádivas son tan ilimitadas e interminables como Él. ¡De hecho, espero pasar el resto de la eternidad descubriendo estas bendiciones! "Bendito sea el Dios y Padre de nuestro Señor Jesucristo, que nos bendijo con *toda bendición espiritual* en los lugares celestiales en Cristo" (Ef. 1:3).

LAS BENDICIONES DE LAS RELACIONES

Además de las bendiciones espirituales que provienen directamente de la mano de Dios, están las dádivas que Él envía por medio de personas: amigos, familiares, compañeros cristianos.

En todas menos en cuatro de sus epístolas del Nuevo Testamento, Pablo da gracias por las personas. La gratitud marcaba el pulso constante de su ministerio. Él agradecía las demostraciones inspiradoras de fe, las expresiones sacrificiales de amor y el ejemplo de unidad y comunión de las personas. Cuando alguien lo alentaba personalmente, él le retribuía el favor con su aliento personal.

El apóstol consideraba que estas personas y relaciones eran tesoros de gran valor.

Yo también tengo varios de estos tesoros. Familiares. Compañeros de trabajo para Cristo, fieles y diligentes. Socios en el ministerio. Queridas amigas que me bendicen con sus actos de bondad, sus oraciones y su aliento para que persevere en la batalla.

¿Has hecho alguna vez un cuidadoso inventario de las personas que han conmovido tu vida? ¿Has invertido tiempo en darles las gracias?

¿Has hecho alguna vez un cuidadoso inventario de las personas que han conmovido tu vida? ¿Has invertido tiempo en darles las gracias?

William Stidger era un pastor de mediana edad que luchó, igual que tantos otros, en medio de los difíciles y gravosos días de la Gran Depresión. Por doquier había gente oprimida y desesperada por lo básico: un trabajo, una comida decente, algo de seguridad.

No habrá sido fácil ser pastor en aquellos días (como no lo es en ninguna generación). Pero un día, mientras estaba sentado a la mesa con un grupo de amigos que se quejaban de la terrible situación económica en la que se encontraban —e incluso inspiraban a algunos a pensar en quitarse la vida—, William tomó la decisión de ser agradecido. Agradecido por Dios, por la fe y por las personas que formaban parte de su vida.

Resulta extraño, pero la primera persona que le vino a la mente fue una maestra de lengua, la primera que lo había inspirado a amar la literatura y la poesía; una pasión que, de seguro, había desempeñado un papel significativo en su preparación para el llamado a ser pastor y escritor. Aquella noche le escribió una sencilla carta de agradecimiento y, a la mañana siguiente, se la envió por correo.

A los pocos días, recibió a vuelta de correo una carta débilmente escrita por esta misma maestra. La carta comenzaba: "Mi querido Willy" —hacía años que no lo llamaban de esa manera— "no te puedo explicar lo que ha significado tu carta para mí. Ya tengo ochenta años, vivo sola en un pequeño cuarto y cocino mi propia comida, sola y triste, como la última hoja de otoño que no se termina de secar".

"Te interesará saber" —continuaba diciendo su carta— "que estuve enseñando en la escuela por más de cincuenta años, y la tuya es la primera carta de agradecimiento que he recibido. Llegó una fría y triste mañana, y me ha dado ánimo como nada lo ha hecho en tantos años".

No hace falta decir que esos sentimientos tan elocuentes llenaron de gozo el corazón de William Stidger; un gozo que no había sentido el día anterior, la clase de gozo sin preocupaciones que parecía casi inexistente desde que la bolsa de valores había caído y había arrastrado todo lo demás junto a ella. O así parecía.

Después, motivado y estimulado por esta respuesta a su expresión de gratitud (¡el agradecimiento vivifica por igual a quienes lo reciben como a quienes lo dan!), pensó en otra persona: un obispo amable que ya era mayor y se había jubilado, y cuya esposa había fallecido hacía algunos meses. Este era un hombre que siempre le había dado buenos consejos y lo había guiado a través de los años, especialmente a principios del ministerio de William. Tal vez aquel era un buen momento para decirle gracias.

Nuevamente, pasaron solo un par de días entre una carta y la otra, dado que las palabras atentas de William inspiraron una respuesta inmediata y agradecida. El anciano obispo le escribió en respuesta y le dijo: "Tu carta fue tan hermosa y tan real, que cuando me senté a leerla en mi escritorio, se me llenaron los ojos de lágrimas, lágrimas de gratitud. Antes de darme cuenta de lo que estaba haciendo, me levanté de mi silla y llamé a mi esposa para leerle la carta, sin recordar que ya no estaba. Nunca sabrás cuánto me ha conmovido tu carta. Me he estado deleitando en tu carta todo el día".[3]

El deleite generado por una sincera gratitud.

Aquellos cuyos corazones están sintonizados y alertas nunca carecen de razones para decir "¡gracias!". Por las bendiciones físicas y materiales. Por las bendiciones espirituales. Por las personas que han bendecido e influenciado nuestras vidas.

Bendito el Señor; cada día nos colma de beneficios. El Dios de nuestra salvación... Bendice, alma mía, a Jehová, y no olvides ninguno de sus beneficios (Sal. 68:19; 103:2).

> ¡Bendiciones, cuántas tienes ya!
> Bendiciones, Dios te manda más;
> Bendiciones, te sorprenderás
> cuando veas lo que Dios por ti hará.[4]

✦ ✦ ✦

Cuando nos detenemos a pensarlo, verdaderamente somos personas bendecidas, pero eso no significa que la vida sea fácil. Algunas veces nuestros problemas parecen sobrepasar en número (o al menos, en peso) a nuestras bendiciones. ¿Debemos ser como Pollyanna, la niña huérfana que siempre estaba jugando a encontrar el lado bueno de las cosas? ¿Podemos realmente ser agradecidas en todo tiempo, incluso cuando nuestros ojos están llenos de lágrimas?

CAPÍTULO OCHO

Pero no sin sacrificio

*Dar gracias a Dios por todo es verdaderamente algo muy difícil;
pues incluye dar gracias por todo tipo de pruebas,
por el sufrimiento y el dolor, por el oprobio y la soledad.
Sin embargo, no les resultará tan difícil
a aquellos que aprendieron a someterse.*

PRISCILLA MAURICE[1]

En 1989, el reportero gráfico y ciudadano norteamericano, Tony O'Brien, fue enviado por la revista *LIFE* a cubrir la caída de Kabul, capital de Afganistán, después que los soviéticos abandonaran el territorio. Al encontrarse en el blanco de la mira de una cruenta guerra civil, fue encarcelado en una prisión afgana por las fuerzas de seguridad respaldadas por los soviéticos.

Solo aquellos que han soportado alguna vez el cautiverio en tiempos de guerra pueden entender sus horrores. Tony O'Brien, de hecho, no podría haber mantenido su cordura durante aquella horrorosa experiencia si no hubiera sido por el aliento de un hombre encarcelado con él, un chiíta musulmán, llamado Nader Alí. En medio de la pesadilla que estaban viviendo, aquella maravillosa amistad llegó a ser el rayo de esperanza que cada uno de ellos necesitaba para sobrevivir.

Con el tiempo, varios diplomáticos y colegas lograron la excarcelación de O'Brien, lo cual le permitió regresar a salvo a su hogar en Nuevo Méjico. Pero tres años más tarde, se encontraba a bordo de un vuelo dirigido a Kabul, de regreso al lugar donde había sido encarcelado, al sitio de su injusta captura; no tras la mira ofensiva de un rifle de artillería… sino tras una incontenible compulsión de gratitud. Y esto es lo que escribió:

> La última vez que vi a Nader Alí, él estaba tras las rejas, observando cómo yo caminaba hacia mi libertad. Nunca pensé que lo volvería a ver, nunca pensé que regresaría a Afganistán. Pero ahora estoy a bordo de un avión, para regresar al lugar donde pasé las semanas más espantosas de mi vida. *No puedo dejar de darle las gracias a ese hombre…*
>
> Les he agradecido a todos los demás; a quienes me sacaron de la cárcel y a quienes llamaban a mi madre todos los días. Sin embargo, nunca le he agradecido a la persona que me dio la fuerza para seguir viviendo. Afganistán ya es libre, pero yo no.[2] (cursivas añadidas)

Durante algún tiempo, O'Brien estuvo recorriendo una ciudad de un millón y medio de personas, sin rumbo fijo ni ninguna dirección específica que lo llevara hasta aquel hombre; de todos modos, aunque hubiera conocido su paradero, la señalización en las calles era muy escasa. Ni siquiera sabía si el hombre que estaba buscando estaba vivo. Y, sin embargo, al contactar con alguna que otra persona y al recordar alguna que otra cosa, finalmente encontró al hombre que estaba buscando: Nader Alí. Sorprendentemente vivo. Tony lo arriesgó todo y viajó hasta el otro lado del mundo para decir una simple palabra que no podía dejar de decir: "Gracias".

Es probable que no encontremos un agradecimiento como este de una historia de tanto sacrificio en la tienda de tarjetas de felicitaciones y regalos convencionales (donde se cree que habita la gratitud). Pero en el camino de la vida real, un corazón agradecido a menudo debe ceñirse una espada y un escudo, armarse de gran valor y prepararse para la guerra.

Hasta ahora hemos abordado la gratitud desde muchos ángulos: qué es, qué no es, qué significa. Pero ningún debate acerca de la gratitud cristiana puede estar completo sin ser francas y sinceras acerca de algo más; cuál es el costo. Y cómo puede sobrevivir —y proliferar— en medio de gran dolor, pérdida y adversidad.

El pastor rumano ya fallecido, Richard Wurmbrand, fundador de *La voz de los mártires,* pasó catorce años en la cárcel por predicar el evangelio. Aunque sus captores le quebraron cuatro de sus vértebras y le hicieron dieciocho heridas de cortes y quemaduras en su cuerpo, no pudieron doblegar su voluntad y su espíritu. Wurmbrand testificaba: "Cada noche, solo, hambriento y harapiento en mi fría celda, danzaba de gozo".[3]

Charles Spurgeon —pastor británico, escritor y presidente de un seminario del siglo XIX, entre una lista pasmosa de otras responsabilidades— padeció una afección crónica de gota y reumatismo, sufrió la calumnia y la burla pública, y una profunda depresión recurrente que parecía acechar en los peores momentos. Sin embargo, aprendió a ser agradecido por estos obstáculos, en vez de permitir que lo dominaran o distrajeran. Una vez dijo en un sermón:

> Creo que la salud es la bendición más grande que Dios nos ha dado, *excepto la enfermedad*, que es mucho mejor. Daría cualquier cosa por tener una perfecta salud; pero si volviera a nacer, no sé qué haría sin mi lecho de enfermedad, mi amargo dolor y mis noches de desvelo y debilidad. Oh, la beatitud que alcanzamos a través del sufrimiento, si somos ministros y estamos al servicio de los demás".[4] (cursivas añadidas)

El predicador escocés George Matheson (1842-1906) comenzó a perder su vista sin razón aparente a finales de su adolescencia. Y para cuando cumplió los veinte años, ya se había quedado totalmente ciego, razón por la cual su prometida rompió su compromiso con él. Tuvo que lidiar por largos meses con un corazón herido y preguntas sin respuestas. Toda aquella experiencia lo llevó casi a la desesperación y tuvo la tentación de abandonar el ministerio por completo. Sin embargo, finalmente pudo decir:

> Dios mío, ¡nunca te he agradecido por mis espinas! Te he agradecido miles de veces por mis rosas, pero ni una vez por mis espinas. Muéstrame la gloria de la cruz que llevo; enséñame el valor de mis espinas. Muéstrame que he llegado a ti por el sendero del dolor. Muéstrame que mis lágrimas han formado mi arco iris.

Job, aquel personaje del Antiguo Testamento, sufrió una vertiginosa sucesión de catástrofes como resultado de algunos malhechores, un rayo y una tempestad; el robo de su rebaño, la destrucción de su propiedad y, lo peor de todo, el accidente que mató a todos sus siete hijos y tres hijas. Al enterarse de su masiva pérdida, Job se rasuró la cabeza y se rasgó las vestiduras. Fue como si tratara de borrar de la memoria lo acontecido y las noticias; tal vez como si todo fuera un cruel engaño. Pero un hombre acostumbrado a poner su corazón en Dios, no podía simplemente dejarse caer y esperar la muerte. Así que se postró en tierra y adoró: "Jehová dio, y Jehová quitó; sea el nombre de Jehová bendito" (Job 1:21).

No obstante, la capacidad de responder a la adversidad con fe y gratitud no está limitada a los "superhéroes" espirituales y los perso-

La capacidad de responder a la adversidad con fe y gratitud no está limitada a los "superhéroes" espirituales.

najes bíblicos. Por cada Joni Eareckson Tada o Corrie ten Boom, hay una infinidad de tantos otros, cuyos nombres e historias pocas veces se ha escuchado, quienes soportan lo peor de la vida y aun así son agradecidos. No indemnes, no impasibles, no abstraídos de la realidad como robots, sino aferrándose a una esperanza y una promesa. Parecen saber que lo único más extenuante que la circunstancia por la que están pasando es atravesarla con un corazón desagradecido.

Conozco a muchos de estos valientes a través de sus correos electrónicos y sus cartas.

Estos cuentan conocidas historias llenas de abuso y desatención, infancias enteras de inestabilidad y batallas por custodias; y, sin embargo, cuando piensan en todo lo que les ha costado, están agradecidos por lo que Dios ha hecho.

Años perdidos en rebeldía, decepción y apatía, con las consecuencias de sus malas decisiones, relaciones conflictivas y montañas de arrepentimiento; y, sin embargo, capaces de reedificar sobre la base del perdón y el genuino arrepentimiento. Y, a pesar de la cantidad de cosas sin enmendar ni reparar, se sienten agradecidos por lo que Dios está haciendo.

Una esposa cuyo esposo dejó de amarla con el paso de los años y la dejó sola con su seguridad hecha trizas y el estigma de ser una madre sola; sin embargo, está agradecida por la fortaleza que Dios le provee cada día y la bendición de encontrar el verdadero amor en Él.

Pienso en mis queridos amigos Charles y Joann Archer, que hace mucho que sirven excelente y fielmente en nuestro ministerio. En el verano de 2006, sus vidas se estremecieron con la alarmante noticia de que Joann padecía de ELA (esclerosis lateral amiotrófica). A un ritmo vertiginoso, la fortaleza y las funciones de Joann se fueron consumiendo: su capacidad de hablar, de alimentarse por sí misma, de acostarse en la cama o de levantarse. La misma semana que terminé de escribir este libro, el Señor finalmente la liberó de la prisión de su cuerpo y se la llevó a su hogar celestial. En el transcurso de esta difícil prueba, Charles enviaba correos electrónicos regulares para poner al corriente a los amigos y compañeros de trabajo acerca de la condición de Joann y hacer peticiones específicas de oración. A pesar de tener muy pocas cosas positivas para comunicar en aquellos informes, me impresionaba la manera en que los firmaba al pie: *"Con gratitud, Charles".*

No, los días no siempre son fáciles. Las noches pueden extenuar completamente a una persona y someterla a pocas horas de sueño. Pero aquellos que dicen "No" al resentimiento y "Sí" a la gratitud, incluso frente a un dolor intolerable, una pérdida incomprensible y una adversidad continua, son los que realmente sobreviven. Estos se paran delante de una ola de recuerdos, amenazas, pérdidas y tristezas, y contestan.

Con gratitud.

Un abogado de la región central de los Estados Unidos, que viajó a Houston para ver a su madre inmediatamente después del huracán Katrina, dedicó un tiempo mientras estaba allí para ir a las zonas más afectadas y ver de qué manera podía colaborar. Sus amigos y colegas, al enterarse de que él estaba yendo a ese lugar, habían recaudado varios miles de dólares para que él comprara tarjetas de prepago para repartir entre cualquier víctima desamparada que encontrara.

Igual que todos los que estuvieron colaborando en la recolección de los escombros que había dejado el paso del huracán Katrina, él esperaba encontrar personas impacientes y furiosas, que manifestaran su descontento con reyertas callejeras y una cruda lucha por sobrevivir. En cambio, al entrar al Astrodome de Houston donde había miles de albergados sin saber qué hacer, percibió un espíritu de calma y ayuda, y un caudal ordenado de caridad y compasión. Y aun entre aquellos que fueron completamente despojados de sus casas y posesiones, descubrió una asombrosa medida de gratitud.

Al conocer a una familia que había dormido varias noches en las duras sillas y explanadas de aquel estadio convertido en refugio, comentó compasivamente: "Debió haber sido terrible". Pero la esposa y madre del grupo dijo: "No, en realidad no". Ellos no se podían quejar, tenían mucho por lo cual estar agradecidos. Tenían un techo para guarecerse, suficiente comida para alimentarse, electricidad, y se tenían uno al otro. No todas las familias habían sido tan afortunadas.

Otros le contaban historias de sacrificio y valor, de rescates que parecían casi humanamente imposibles, de cómo parecía que no había más esperanza hasta que alguien llegó para rescatarlos del agua que les había llegado a la cintura e incluso al tórax. Ellos no sabían qué les esperaba de ahí en adelante, pero estaban agradecidos. Tan solo de estar allí.

Un señor mayor que había rescatado a veinte miembros de su familia con un colchón de aire, y que ahora guardaba todas sus pertenencias en una bolsa de plástico bajo su catre improvisado, se negó a aceptar más de dos de las tarjetas de prepago para sus cinco hijos y su familia, pues no quería que faltara para *otros* que también las necesitaban.

Esta es una gratitud difícil de lograr. En los momentos más adversos y difíciles de la vida, muchos de aquellos que lo han perdido absolutamente todo han encontrado un nivel sorprendente de solaz en la perspectiva de la gratitud que proviene de Dios.

Hemos escuchado este mismo sentimiento expresado después del incendio arrasador que se propagó por todo el sur de California en el verano de 2007. En aquella ocasión se quemaron miles y miles de acres, se tuvo que evacuar a medio millón de personas y más de dos mil casas quedaron hechas cenizas. Sin embargo, muchos de los que sobrevivieron a ese incendio encontraron palabras de gratitud para describir su experiencia.

De pie frente al montón de cenizas que una vez fuera la casa de la familia, un letrero escrito a mano declaraba: "¡Por fin! ¡No más termitas!".

Y en un servicio religioso en Rancho Bernardo, donde sesenta familias que habían perdido su casa se congregaron para darse consuelo una a la otra y alabar a Dios, un periodista comentó: "Dieron gracias por las cosas grandes: por las vidas, las familias y las amistades que se salvaron. También dieron gracias por las cosas pequeñas: un abrazo, un hombro sobre el cual llorar".

Una de las víctimas del incendio solo pudo rescatar tres cajas de fotografías y el reloj cucú de su abuelo antes de huir del embate de las llamas. Pero el sábado antes del servicio dominical, mientras rebuscaba entre las cenizas de su casa, encontró un reloj de sol que su esposo le había regalado. Aquel reloj de sol tenía este mensaje grabado encima: "Envejece junto a mí. Lo mejor aún no ha llegado".

"Esto lo dice todo, ¿no es cierto?" —dijo ella reflexionando—. "Nosotros tenemos muchas cosas por las cuales estar agradecidos".

No importa cuál sea el costo.

GUERRAS DE ACCIÓN DE GRACIAS

Martín Rinkart fue un pastor luterano del siglo XVII, que prestaba servicios en su ciudad natal de Eilenberg en el apogeo de la Guerra de los Treinta Años. Dado que era una ciudad fortificada, Eilenberg pronto se encontró invadida por refugiados y tropas heridas, lo cual no solo propiciaba el temor y el hacinamiento, sino una ola mortal de enfermedades y pestilencias. El ejército que marchaba alrededor de sus murallas herméticas hacía que el pueblo se encontrara acorralado, sin alimento ni provisiones, hambriento y necesitado.

El hogar de la familia Rinkart se convirtió en una especie de refugio para muchos de los enfermos y desamparados. Aunque apenas había suficiente para que Martín alimentara a su propia familia, atendía incansablemente las necesidades incesantes de aquellos que lo rodeaban, y trataba de corresponder a la enorme necesidad con el desvelo y la compasión de Dios.

Cuando otros pastores huyeron para salvar sus vidas, Martín permaneció allí donde, finalmente, aquel año llevó a cabo más de cuatro mil quinientos servicios funerarios, a veces de entre cuarenta y cincuenta cuerpos a la vez.

Uno de ellos fue el de su esposa.

Sin embargo, en algún momento, en medio de circunstancias tan calamitosas y deprimentes, Martín compuso una oración para que sus hijos la recitaran antes de las comidas; este himno todavía resuena a través de toda Alemania en actos cívicos y días de evocación nacional:

> A nuestro Dios damos gracias,
> con nuestras manos, nuestra voz y nuestro corazón,
> a Quien ha hecho cosas maravillosas
> en Quien su creación se goza;
> a Quien desde los brazos de nuestra madre
> nos ha dado su bendición
> con infinitas dádivas de amor,
> que aún son nuestras hoy.

Cuando cantamos estas palabras en el entorno acogedor de un servicio de Acción de Gracias en la iglesia, nos parecen folklóricas e idílicas. Sentimos el aroma del pavo en el horno y del pan caliente sobre la mesa. Escuchamos las voces de familiares que no hemos visto en meses, tal vez desde el año anterior, que se reúnen en grupos para conversar.

Pero no te equivoques: este estribillo lleno de gozo no surgió en una celebración de Acción de Gracias o en la calma y quietud de una cabaña campestre. Antes bien, se forjó en medio del dolor, el sufrimiento y la muerte. Fue un sacrificio de acción de gracias.

Así lo fue para la doctora Helen Roseveare, misionera médica en el Congo durante las décadas de 1950 y 1960, que luchó contra el temor, el desaliento y los sentimientos de indignidad durante varios años, en medio de los graves conflictos de aquella región de África Central, donde el ejército rebelde representaba una constante amenaza para el trabajo y la seguridad de su equipo.

En agosto de 1964, las preocupaciones se hicieron realidad; se corrió la voz de que el comandante local había sido secuestrado y despellejado vivo. No solo lo habían asesinado, sino devorado.[5] Después llegó la noche cuando Helen y las otras mujeres misioneras, que aún no habían huido del país, fueron capturadas a punta de pistola por soldados de la guerrilla que invadieron las instalaciones del hospital y lo ocuparon durante cinco meses. Los soldados insubordinados golpearon, humillaron y violaron salvajemente a estas mujeres.

> *La pregunta que sintió en su corazón fue: "¿Puedes agradecerme por haberte hecho pasar por esta experiencia, aunque nunca te diga por qué?"*
> —HELEN ROSEVEARE

Ella nunca ha olvidado aquella primera noche particularmente oscura: "Me sentía totalmente sola. Por un instante, sentí que Dios me había fallado. Él pudo haber intervenido y evitado esa subversión creciente de maldad y crueldad. Podría haberme rescatado de manos de esos hombres. ¿Por qué no habló? ¿Por qué no intervino?".[6]

No obstante, en medio de aquel espantoso tormento, mientras clamaba al Señor, sintió que Él le decía: "Helen, *¿puedes agradecerme?*". Ella sabía que Dios no le estaba pidiendo que le agradeciera por el *mal*, la pregunta que sintió en su corazón fue:

"¿Puedes agradecerme por haberte hecho pasar por esta experiencia, aunque nunca te diga por qué?".[7]

La acción de gracias ciertamente tiene un costo.

Ese costo puede venir en diferentes formas y tamaños, más grande o más pequeño, y cada etapa tiene su cuota de pruebas que abarcan, como Elisabeth Elliot dijo, desde "embotellamientos de tráfico hasta tumores y la tumba".[8] Es probable que en este momento estés enfrentando una o más de estas pruebas. Puede que no sean las mismas que tuvo que soportar Martín Rinkart o Helen Roseveare. No obstante, es difícil dar gracias en tus circunstancias y se requiere de sacrificio.

Tal vez hayas quedado descalificada de ocupar una posición para la cual pensabas que estabas muy calificada. Era un empleo que realmente querías, y significaba un aumento de sueldo que realmente necesitabas. Pero ahora tienes que levantarte a la mañana y volver al mismo antiguo empleo y darle a la misma manivela, rodeada de personas que saben que te postulaste para algo mejor y no lo conseguiste... ¿y debes ser agradecida?

O tal vez resbalaste y te caíste al salir de tu automóvil una mañana congelada, lo cual te produjo un desgarro en el tobillo y tienes que caminar con muletas por tres semanas. Eso es lo último que necesitabas con todas las responsabilidades que estás llevando a cabo en este momento. Ibas a poner tu máximo esfuerzo para dar abasto con todo, y ahora vas a tener que renunciar a algunas cosas que realmente querías hacer, y defraudar a personas con las que habías hecho un compromiso... ¿y debes ser agradecida?

Ha sido una de esas épocas en las que todo va mal al mismo tiempo. La correa de distribución del automóvil. Una mancha de agua que apareció en el techo y, después de un par de presupuestos, significa tener que hacer un techo nuevo y gastar mucho dinero. Para añadir a tu frustración, acababas de ganar un dinero extra, con la esperanza de poder ahorrar parte y dedicar el resto a un viaje. Pero ahora lo tienes que gastar en reparar el automóvil y la casa... ¿y aun así debes ser agradecida?

Recuerdo una época de mi propia vida en la que estuve profundamente decepcionada por una pérdida personal importante. Por casi dieciocho meses, me entregué al resentimiento y la autocompasión. Un manto de duda y confusión envolvía mi mente y mis emociones; un manto cada vez más apretado y pesado, hasta que no sabía qué creía acerca de las verdades que tanto había sostenido y valorado, o incluso si acaso las creía.

Yo sabía en mi corazón que, si tan solo aceptaba su decisión soberana y clamaba a Él por su gracia, Él sería fiel para restaurarme y reorientarme. No obstante, decidí albergar mis heridas y aferrarme a mi "derecho" a revolcarme en el dolor.

En retrospectiva, estoy convencida de que por no estar dispuesta a ofrecer "sacrificio de alabanza" (Sal. 116:17), sacrifiqué parte de los momentos más dulces y preciosos que podría haber tenido con el Señor, en los que Él me habría manifestado que tenía poder suficiente para suplir mi necesidad con su tierno amor y compasión.

Sin embargo, puedo decir cuándo y dónde comenzó el proceso de sanidad. Fue sobre un piso de madera dura en una cabaña de las sierras de Carolina del Norte, arrodillada junto a una silla mecedora, donde lloré y finalmente clamé: "Señor, no entiendo por qué permitiste estas circunstancias en mi vida. No sé si alguna vez lo podré entender. Pero sé que eres bueno y que cualquier cosa que hagas es para mi bien y para tu gloria. Por fe, decido darte gracias".

El sentimiento de tristeza y pérdida no desapareció inmediatamente. Pero al rendirle mis heridas y mi voluntad a Dios, y decidir confiar en Él y darle gracias, comencé a experimentar un desahogo de la pesadez opresiva que había estado soportando hacía tantos meses. Dios comenzó a restaurarme, renovarme y reedificar mi espíritu. Y, además, comenzó un proceso de transformación por el cual mis pérdidas se convirtieron en algo de gran valor espiritual. Después de un tiempo.

Y hoy día puedo reflexionar sobre aquella época y aquellas circunstancias y ver cuánto Dios ha hecho en mi vida como resultado de ello. Nuevamente, después de un tiempo. La misma pérdida que resistía, y por la cual estaba tan resentida, fue el medio que Dios usó para traer bendición a mi vida.

> *Mis circunstancias no cambiaron. Pero Él me cambió en medio de ellas.*

Aquella sanidad y liberación comenzó cuando dije: "Señor, estoy dispuesta a agradecerte por haberme hecho pasar por esta experiencia, aunque nunca me digas por qué". No, mis circunstancias no cambiaron. Pero Él me cambió en medio de ellas.

Siempre estaré agradecida por ello.

TOTALMENTE AGRADECIDA

¿Estás atravesando circunstancias que normalmente no merecen tu gratitud? Estás tratando de ser valiente. Quieres hacer lo correcto. Has sentido cómo has ido perdiendo el gozo y la energía. Pero tratar de ser agradecida por lo que Dios está haciendo en tu vida en este momento...

Es difícil. *Realmente* difícil. De hecho, parece imposible. En nuestras propias fuerzas, ¡*es* imposible!

Pensar en esto me remonta a varios años atrás junto a la cama de mi hermano David en un hospital de Filadelfia. Allí se encontraba este joven hermano que siempre había estado tan lleno de vida y pasión, el niño que era amigo de todos, desde el empleado de limpieza de la escuela hasta el director de la escuela.

David era el sexto de siete hijos de nuestro hogar, del cual yo era la mayor. Dado que el séptimo no llegó hasta bastante tiempo después que él naciera, durante varios años él fue el bebé de nuestra familia. Oh, David. El "bebé" consumado de la familia. Siempre necesitaba que se le recordara que debía entregar la tarea, llegar a la escuela a tiempo (o incluso, que fuera) e ir a la cama a la noche. (Siempre estaba ocupado hablando con alguien que necesitaba aliento o ayuda de alguna clase). Pero siempre parecía feliz, con poco interés en las cosas del mundo y un corazón tan grande como el mundo; un corazón que latía apasionadamente por Dios y por los demás.

David acababa de cursar su penúltimo año en Liberty University. Pensaba que tal vez el Señor algún día lo enviaría como misionero. Hubiera sido un gran misionero. Puede que nunca se hubiera esforzado por aprender el idioma, pero las personas lo hubieran amado, ¡y él hubiera despertado en ellos el amor por Jesús!

En medio de una reunión en Chicago, aquel día de mayo de 1986, recibí la desgarradora noticia de que David había tenido un grave accidente automovilístico y no se esperaba que sobreviviera. Todos debíamos volver a casa inmediatamente.

Más tarde aquel día, nos reunimos en una habitación de la Unidad de Cuidados Intensivos del Hospital de la Universidad de Pensilvania. En ese momento, ya lo habían declarado legal, médica y clínicamente muerto en sus funciones cerebrales. Allí estaba aquel joven atlético y robusto, ahora entubado con sondas y aparatos respiratorios que sustentarían su corazón por lo que sabíamos sería solo un breve período de tiempo.

Los siete días siguientes parecieron una eternidad. Si alguna vez has pasado por lo mismo, sabrás lo que estoy diciendo.

Esperamos. Lloramos. Oramos. Y después recibimos la noticia de que su corazón finalmente había dejado de latir.

Reunidos alrededor de su cama del hospital por última vez, uno de los amigos más cercanos a nuestra familia abrió su Biblia y leyó el pasaje de 2 Samuel donde le comunicaron al rey David que el hijo que había concebido con Betsabé había muerto. Al principio, sus asesores tenían temor de darle la noticia, pues pensaban que caería en un pozo depresivo. Pero al deducir de sus rumores y comportamiento que lo peor había pasado, David hizo justo lo opuesto a derrumbarse: "Entonces David se levantó de la tierra, y se lavó y se ungió, y cambió sus ropas, y entró a la casa de Jehová, y adoró" (2 S. 12:20).

Nuestro querido amigo cerró la Biblia y nos dijo: "Nuestro David ya murió. Ahora es tiempo de que nos levantemos y adoremos". Y eso hicimos. No porque lo sentíamos, no porque fuera fácil. Ofrecimos un *sacrificio de acción de gracias*. Un sacrificio de fe. Un sacrificio del cual Él es digno.

Nuestros corazones estaban tan desgarrados que ni siquiera podíamos expresarnos. Pero lo que en realidad estábamos diciendo era: "Señor, tú no nos has dado el privilegio de entender por qué te querrías llevar la vida de un joven tan consagrado a ti, y puede que nunca entendamos tus pensamientos en esta tierra. Pero, Señor, confiamos en ti. Sabemos que tú no te equivocas. Y lo que realmente queremos, incluso mientras lloramos la pérdida de nuestro hijo, hermano y amigo —más que cualquier otra cosa— es que tu nombre sea glorificado". Y lo ha sido.

La decisión que tú y yo tenemos que tomar hoy es: ¿Solo daremos la gloria a Dios por la parte de nuestra vida que sale como nosotras queremos? ¿O lo alabaremos, confiaremos en Él y le daremos gracias simplemente porque Él es Dios a pesar de las circunstancias oscuras, dolorosas e incomprensibles que encontramos en nuestro camino?

Fíjate que de cualquier modo es un sacrificio. Si procedemos sin gratitud —si decidimos estar constantemente amargadas y quejarnos de nuestro destino— nos forzamos a vivir en condiciones que *ya* son infelices, con el agravante de tener que arrastrar la depresión de nuestro estado de ánimo. Si nos negamos a ser conscientes de las bendiciones que disfrutamos a pesar de nuestras dificultades, así como de la fortaleza y la sensibilidad que Dios desarrolla mejor en nosotras a través de las adversidades y las pérdidas, sacrificamos la paz. Sacrificamos el contentamiento, las relaciones, la libertad, la gracia y el gozo.

No obstante, ¿qué sucedería si pudiéramos mantener todas estas cosas e incluso incrementarlas más allá de cualquier cosa que hayamos experimentado antes, tan solo con un sacrificio: el sacrificio de la acción de gracias?

A la vez he aprendido que, independientemente de cómo me pueda sentir, *cualquier cosa que me haga necesitar a Dios* (en última instancia, en el sentido más verdadero) *es una bendición*. Ya sea una decepción o el sufrimiento físico. Ya sea una aflicción mental o relacional.

> *Cualquier cosa que me haga necesitar a Dios (en última instancia, en el sentido más verdadero) es una bendición.*

Y si en este momento debes atravesar tu padecimiento (si Dios decide no librarte de ello milagrosamente, lo cual siempre puede hacer y siempre tenemos la libertad de pedir), ¿por qué empeorar las cosas al alejarte de la gracia y la comunión con Dios, y vivir la vida al filo de la navaja sin confiar en la ayuda de Él? ¿Por qué no ver lo que puede suceder si permites que tu dolor te acerque a Dios?

Sí, dar gracias "en todo" puede requerir sacrificio. No, puede que tu situación no cambie, tal vez ni siquiera un poco. Pero te colocará en la única posición donde podrás experimentar todo lo que Dios desea para ti a través de esta etapa de la vida.

Y —más allá del escaso horizonte que puedas ver desde este tiempo y lugar transitorio— la gloria y la gracia de Dios se verá aun más brillante, como resultado de tu disposición a decir como el salmista: "Bendeciré a Jehová en todo tiempo; su alabanza estará de continuo en mi boca" (Sal. 34:1).

Esta es la promesa de gratitud.

❧ ❧ ❧

Si lees este libro de principio a fin, te conmueves con las historias, concuerdas con lo que digo y hasta dices: "¡Este es un gran libro!", pero luego simplemente sigues adelante con tu misma vida, el propósito de este libro habrá fracasado. Mi intención es hacer un llamado —al que yo misma quiero responder— a una manera de pensar, de vivir y de responder a la gracia de Dios radicalmente diferente.

Capítulo nueve

Un cambio gratitudinal

―――

La gratitud consiste en un momento de especial atención a las particularidades de nuestro estado y a cada una de la multitud de dádivas que Dios nos ha dado... Por esa razón toda nuestra vida... está llena de una felicidad, serenidad y paz que solo los corazones agradecidos pueden conocer.

H. E. Manning[1]

Se dice que un hombre húngaro fue a ver al rabino del pueblo para quejarse.

―La vida es insoportable. Vivo con ocho personas más en la misma vivienda. ¿Qué puedo hacer? ―dijo el hombre.

El rabino respondió sin dudar:

―Llévate una de tus cabras a vivir contigo en la misma vivienda.

Naturalmente, el hombre lo miró como si no hubiera escuchado bien. Pero no fue así.

―Haz lo que te digo ―insistió el rabino―, y regresa en una semana.

Siete días más tarde, el hombre regresó más confundido que antes.

—¡Es insoportable! —le dijo al rabino—, ¡la cabra apesta!

—Entonces vuelve a tu casa, saca la cabra de allí y regresa en una semana —le respondió el rabino.

La semana siguiente regresó a ver al rabino un húngaro radiante. Su aspecto daba muestras de total alivio y solaz.

—¿Cómo estás ahora? —le preguntó el rabino.

—La vida es hermosa —respondió el hombre—. Ahora que no hay ninguna cabra y convivo solo con ocho personas más, disfruto cada momento.

Todo está en la manera de ver las cosas.

Es una cuestión de actitud.

Hay una palabra en boga hoy día que describe qué ocurre cuando una persona rectifica los patrones de pensamiento que se han arraigado en lo profundo de su personalidad. Esto se llama: "cambio actitudinal". Es una manera elegante de decir que las conductas nuevas comienzan con una mentalidad nueva. Para llegar a la transformación personal se requiere un cambio de perspectiva.

Me gustaría acuñar un nuevo término para aquellos que carecen de gratitud (entre los que estamos incluidos todos, de vez en cuando).

Propongo "cambio gratitudinal".

Esto se debe a que quiero que vivas una relación plena con Dios, no una relación restringida, inhibida y distante, sino que puedas experimentar una relación profunda con Él. Como si, al estar en la presencia de Dios, te sintieras como en tu casa.

No quiero que te desalientes por las crisis inevitables de la vida —sin respuesta para los dardos de las circunstancias desagradables— como un blanco ambulante, simplemente a la espera de que lancen la próxima flecha en tu dirección. Quiero que descubras la reserva que Dios nos da para poder permanecer fuertes en medio de los ataques de confusión y condenación del enemigo. Quiero que mantengas tu cabeza en alto mediante el poder del Espíritu de Dios que está en ti, incluso cuando todo tu ser clama por una semana en cama con las luces apagadas y las persianas bajadas.

Quiero que tu historia vuelva a relatarse como una anécdota de la gracia de Dios, una historia que Él use para ayudarte a ser una ministra eficaz de esperanza y sanidad para aquellos que están transitando el mismo camino. Quiero que estés tan abierta a la dirección del Espíritu Santo, tan consciente de la necesidad de los demás y tan dispuesta a ser sincera y genuina, que Dios tome lo que Satanás dispuso para mal y lo transforme en algo valioso.

Nadie espera que seas sobrehumana. Y desde luego nadie debería hacerte creer que para vencer tus tiempos de adversidad debes actuar como si estos no existieran, como si al negarte a hablar de ello o a hacer referencia a ello estos se extinguieran. Estas pérdidas, injusticias o fracasos hechos en tu contra son reales. No dependen de que reconozcas que existen para que tengan aliento de vida y ataquen. Pero, sin duda alguna, no son comparables a los planes y propósitos superiores de Dios. Y cuando le permites a Dios hacer su voluntad en tu vida, Él puede ser Aquel que produzca en ti el querer responder y reaccionar de manera "sobrenatural".

Sí, en ti.

Es por ello que sin importar quién eres, dónde has estado o qué te ha sucedido en el transcurso de tu vida, puedes ser transformada en una persona conocida y caracterizada por la gratitud. Dios puede hacerlo en ti.

¿Estás dispuesta?

EL CAMBIO ES BUENO

Comencé este libro reconociendo que, a menudo, se considera que la gratitud es una necesidad menor en la vida cristiana. Yo no estoy de acuerdo para nada con esta opinión. Pero muchos de aquellos que valoran la gratitud como un nutriente esencial para el crecimiento del carácter cristiano, la consideran, en su mayor parte, un ejercicio mental. Principalmente espiritual. Más del cielo que de la tierra.

Pero estoy aquí para decirte que expresar una verdadera gratitud implica tomar decisiones tan prácticas como ajustar correctamente la hora de tu reloj, cambiar la bolsa de la aspiradora o cerrar con llave la puerta de tu casa a la noche. Es un plan de mantenimiento regular, algo que solo ocurre cuando lo haces a propósito, y seguramente te ahorrará todo tipo de problemas en el futuro.

Es una tarea difícil. Pero da resultado.

Y nos parecemos más a Cristo cada vez que la ponemos en práctica.

Por lo tanto, en un esfuerzo para ayudarnos a crecer "gratitudinalmente", quisiera hacer varias recomendaciones específicas que pueden colocarnos en esa dirección, con la esperanza de no volver atrás jamás.

• *Ríndele tus derechos a Dios.* Hace algunos años, encontré un documento que contenía un compromiso estimulante redactado por el fallecido maestro de la Biblia, Russell Kelfer. Este sugería que sería una buena idea redactar este breve documento en una hoja, firmarlo al pie y crear el hábito de volverse a comprometer de manera regular. El documento decía algo como lo siguiente:

Habiendo nacido en el reino de Dios, por la presente reconozco que Dios ha comprado mi vida, y eso incluye a todos mis derechos y el control de mi vida por toda la eternidad.

Además, reconozco que Él no me ha garantizado la libertad del dolor, el éxito o la prosperidad. No me ha garantizado salud perfecta. No me ha garantizado padres perfectos. No me ha garantizado hijos perfectos. No me ha garantizado la ausencia de presiones, pruebas, malentendidos o persecuciones.

Lo que Él me *ha prometido* es vida eterna. Lo que Él me *ha prometido* es vida abundante. Lo que Él me *ha prometido* es amor, gozo, paz, paciencia, benignidad, bondad, fe, mansedumbre y templanza. Se ha entregado a sí mismo a cambio de los derechos de mi vida.

Por consiguiente, en este día, renuncio a todos mis derechos y expectativas, y humildemente le pido que, por su gracia, los reemplace con un espíritu de agradecimiento por cualquier cosa que, en su sabiduría, Él considere permitir en mi vida.[2]

Firmado por ti. Firmado por mí.

¡Qué diferente serían las cosas si comenzáramos cada mañana no solo en adoración al Señor y en oración y lectura de su Palabra, sino estableciendo desde el mismo comienzo del día que Él tiene pleno derecho sobre nuestra vida.

Estimada amiga, Él se lo ha ganado. El modelo de culpa-gracia-gratitud, acerca del cual hablamos anteriormente, no es solo para ajustarnos a una teología y estilo de vida bíblico, sino decisivo para nuestro gozo. Sobrevivir gracias a la misericordia inmerecida de Dios, pero sin quedar asombradas ante la majestuosidad de esta transformación eterna que Él ha logrado en nosotras, es incongruente con la vida abundante. Si hemos de crecer y prosperar como hijas de Dios en medio de esta cultura sofocante y dura —y brillar como "luminares en el mundo" (Fil. 2:15)— debemos derramar nuestra vida en libación ante el Señor. Solo entonces podremos "[echar] mano de la vida eterna" (1 Ti. 6:19).

No son nuestras cosas, son de Él.
No es nuestra casa, es de Él.

No es nuestro momento de hacer exigencias y tener la última palabra. Es de Él. Y cuando aprendemos a ser agradecidas por ello, tenemos la libertad de descansar por completo en lo único seguro que este mundo tiene para ofrecer.

Confíale toda tu vida a Él con un corazón agradecido. Haz un cambio gratitudinal.

• *Dedica un tiempo a concentrarte en la gratitud.* ¡Tristemente, leer un libro sobre gratitud no hace a una persona agradecida! Y una persona desagradecida no se volverá agradecida de la noche a la mañana. Ni tampoco nos volveremos agradecidas con tan solo pensar en ello o desearlo. Como cualquiera de las virtudes, un espíritu agradecido es obra del Espíritu de Dios en la vida de un creyente que ha tomado la determinación de dejar de lado las tendencias carnales para cultivar las espirituales. Y eso lleva tiempo, esfuerzo y especial atención.

Si has leído hasta aquí, confío en que Dios haya hecho una obra en tu corazón, y que tengas un deseo nuevo y firme de desarrollar un corazón agradecido. Si es así, *por favor,* no hagas lo que hacemos muchas veces cuando Dios nos habla: tan solo seguir leyendo. Si lo haces, permitirás que el enemigo te robe la semilla de la Palabra que ha sido plantada en tu corazón a través de estas páginas (ver Lc. 8:12).

Y no cometas el error de pensar que un esfuerzo a medias, semiconsciente, para llegar a ser más agradecida va a ser fructífero. Cualquier fruto que produzca es probable que sea perecedero, si no haces lo necesario para desarrollar un sistema de raíz profundamente establecido en este ámbito de tu vida.

Si quieres ver un cambio duradero —una transformación— en este asunto de la gratitud, te aconsejo que reserves un periodo de tiempo para concentrarte en este proceso. Decide el plazo de tiempo, anótalo en tu calendario y hazle saber a tu cónyuge u otra persona cercana a ti que esta será una etapa en la que te concentrarás en la gratitud. (Tal vez esta persona quiera acompañarte en tu camino).

> *Escribe todas las bendiciones que se te ocurran. Y fíjate cuán larga podría ser esa lista.*

¿Cómo comenzar? Durante este tiempo podrías adaptar tu lectura bíblica y hacer uso de una concordancia o Biblia de referencia temática, que te ayude a encontrar pasajes de las Escrituras que hablan de la gratitud para que puedas estudiar y meditar en ellos.

O podrías tratar de registrar tus bendiciones, tanto físicas como espirituales, en un diario personal. Escribe todas las bendiciones que se te ocurran. Y fíjate cuán larga podría ser esa lista.

Un año, para mi cumpleaños, una amiga me regaló un diario personal titulado *Cuenta tus bendiciones* especialmente para este propósito. Aquellas páginas contenían cinco líneas en blanco para las bendiciones día a día. ¿Cuánto tiempo se necesita para escribir cinco cosas al día?

Hice anotaciones cada día durante la mayor parte de aquel año. Fue una etapa enriquecedora de gratitud. Y ahora, cada vez que mi tanque se está quedando vacío, puedo buscar y volver a leer aquellas listas diarias de bendiciones. Página tras página. Ejemplo tras ejemplo. Razones tangibles que me llevan a ser agradecida a Dios con cada recuerdo de su bondad.

¡Qué dádiva de alabanza y agradecimiento al Señor, además de ser un regalo para ti misma, incluso para tus hijos y nietos y aquellos que un día podrían leer tus anotaciones y animarse a ser agradecidos!

A fin de ayudarte en este proceso de transformación gratitudinal, al final de este libro he incluido una guía devocional de 30 días. Está diseñada para que durante un mes permitas que la gratitud sea el enfoque central de cada día y una prioridad en tus pensamientos e interacciones. Si aceptas este "reto de gratitud" de 30 días, estoy segura de que dentro de un mes mirarás atrás y descubrirás que estás mirando la vida de una manera diferente y que Dios ha hecho una obra nueva de gracia y gratitud en tu corazón.

- *Haz el balance de tus cuentas de gratitud.* ¿Quién se merece (o necesita) una palabra de agradecimiento de tu parte? ¿Qué persona en tu vida podría necesitar un poco de aliento hoy?

¿Tu esposo? ¿Tus hijos? ¿Tus padres?

¿Tus hermanos y hermanas? ¿Tías y tíos? ¿Sobrinas y sobrinos?

¿Tu pastor? ¿Un maestro? ¿Una compañera de trabajo? ¿El jefe? ¿Tu mejor amiga? ¿El líder del grupo pequeño de estudio bíblico? ¿Una compañera de oración?

¿Qué me dices del vecino que saca tu basura hasta el bordillo cuando estás de viaje? ¿Y del mecánico que te arregla bien tu automóvil? ¿Qué me dices de la anciana de la iglesia de tu ciudad natal, que siempre hablaba contigo cuando eras niña, y que aún te hace sentir que le alegras el día cuando regresas y la visitas?

Sin duda, algún día llegará el funeral de ellos y —si tienes la oportunidad de asistir— enviarás un arreglo floral, intercambiarás historias con los sobrevivientes y recordarás qué significó esa persona para ti a lo largo de tu vida. Pero ¡cuánto más dulce sería sentir sus manos entre las tuyas, darle una palmada en la espalda y ver el brillo de sus ojos al decirle cara a cara cuánto ha significado en tu vida?

Una de las historias favoritas de mis "cuentas de gratitud" tiene que ver con un hombre desamparado, llamado George, que vivía en un cuarto rentado en la Asociación Cristiana de Jóvenes de Chicago y que pasaba las mañanas dormitando en una vieja silla de metal en la parte trasera de un departamento policial, donde había llegado a formar parte de la escenografía del lugar.

Dos de los oficiales habían llegado a tenerle afecto a aquel pobre hombre, que envolvía sus zapatos en bandas elásticas para evitar que la suela colgara y llevaba un abrigo harapiento, que poco hacía para repeler el frío invernal de la región central de los Estados Unidos. A veces, los dos policías le daban dinero para los gastos diarios, aunque sabían que Billy el griego, dueño de un restaurante cercano, le preparaba a George un buen desayuno caliente, libre de cargo, todos los días.

Un año, cuando llegó la Navidad, los dos policías y sus familias decidieron invitar a George a comer con ellos. Y mientras él estaba en su casa, ellos le entregaron varios regalos para que los abriera, como los demás miembros de la familia.

Aquella noche, mientras lo llevaban de regreso a su cuarto en la Asociación Cristiana de Jóvenes, George les preguntó si primero podían pasar por el restaurante para ver si estaba Billy. Efectivamente, las luces estaban encendidas y Billy estaba allí. Entonces, George bajó del automóvil, llevando las cajas que con discreción había vuelto a envolver en el asiento trasero. Lo observaron absortos mientras George se dirigía hacia ese bodegón, una especie de restaurante de comida rápida. Al llegar dijo: "Tú has sido bueno conmigo, Billy. Ahora yo quiero ser bueno contigo. Feliz Navidad", a la vez que le entregaba a su amigo cada uno de los regalos.[3]

De modo que haz el balance de tus cuentas. Verifica dos veces para no dejar de registrar ninguno de los ingresos. Y tómate suficiente tiempo para controlar tus libros. Asegúrate de que todo esté al corriente... a fin de cambiar.

• *Envía cartas de agradecimiento*. Aunque muchos han dejado de considerar que esta sea una práctica necesaria, sigue siendo cierto que tomarse el trabajo de escribir una carta, comprar una estampilla y buscar una dirección, tan solo para decir gracias, es un acto de bondad que refleja un corazón lleno de gracia y humildad. Además, la acción de expresar gratitud genera *gozo*. Tanto en el remitente como en el destinatario.

Es probable que hayas estado en ambas posiciones, igual que yo. ¡Cuántas veces Dios ha ministrado su gracia perfecta y oportuna a mi corazón, a través de una carta escrita a mano en medio de todas las solicitudes de tarjetas de crédito y folletos de las tiendas por departamentos que llegan a mi casilla de correo! ¡Y cuántas veces Él me ha hecho libre del ensimismamiento y el desánimo cuando he hecho una pausa para escribirle una carta a alguien que ha sido un medio de la gracia en mi vida!

Es una doble bendición garantizada.

Siempre llevo conmigo algunas tarjetas de agradecimiento en blanco, por si tengo algunos minutos libres en algún momento del día. Solo requiere eso —tan solo cinco o diez minutos— para recordar a alguien que ha bendecido tu vida de alguna manera u otra, anotar tus sentimientos más sinceros y después enviar la tarjeta. Es así de simple.

Y, sin embargo, tan transformacional. Lo he visto suceder en la vida real, cuando unos queridos amigos casi pierden a su hijo de veintinueve años, llamado Jeff, en un accidente automovilístico. A las dos semanas siguientes, cuando al menos se tenía una leve seguridad de que sobreviviría, todos los síntomas indicaban que tendría una discapacidad prolongada. Por lo general, las personas no se sobreponen tan fácilmente a este tipo de lesiones en la vida. Pero de regreso en casa, gracias a las fervientes oraciones de montones de amigos y familiares, Dios intervino milagrosamente con sanidad y una rápida recuperación, contra todo diagnóstico y para el asombro del personal médico que había atendido a Jeff en sus momentos más críticos.

En el largo camino desde el hospital de St. Louis hasta su casa en Indiana, donde sus padres cuidarían de él mientras continuara con su recuperación, Jeff comenzó a afrontar el hecho de que se había apartado de la fe de su niñez y que había estado a punto de cruzar los límites de la rebelión. En cierto momento, sentado en el asiento trasero, les pidió a sus padres que le contaran lo que realmente había sucedido aquella noche del accidente y los días que siguieron inmediatamente después.

Con las lágrimas de un recuerdo traumático, le contaron cómo se habían enterado de la noticia, cómo se habían trasladado inmediatamente para estar con él, cómo habían reunido apoyo de oración por teléfono mientras conducían a toda velocidad por la carretera. Le contaron que su hermana y sus dos hermanos se habían pasado noches enteras postrados y echados sobre su cuerpo inconsciente, uno por uno, clamando a Dios que tuviera piedad de su vida. Le contaron de amigos que habían dejado todas sus responsabilidades y habían viajado grandes distancias para estar al lado de su cama y ofrecer toda clase imaginable de ayuda práctica y espiritual durante aquel tiempo de consternación.

De repente, el informe proveniente de la parte delantera se vio interrumpido cuando Jeff rompió a llorar de manera incontrolable. Estaba conmovido por lo que Dios había hecho, lo que su familia había atravesado, lo que tantos otros habían sacrificado... y era demasiado para seguir conteniéndolo. Aunque él no había hecho nada para merecer esta clase de cuidado y atención, había sido el destinatario de una efusión de gracia y amor sin restricción.

Cuando Jeff finalmente pudo calmarse, tomó su teléfono celular para llamar a sus hermanos y agradecerle a cada uno de ellos por haber estado allí cuando más los necesitaba. Después de hacer su última llamada, le pidió a su padre que tomara la próxima salida. Les pidió que estacionaran en un establecimiento comercial y le fueran a comprar tarjetas de agradecimiento. Y durante todo el trayecto hasta su casa, abrió cada uno de los paquetes de tarjetas y escribió de su puño y letra demostraciones de gratitud desde lo más profundo de su corazón.

Recuerdo que sus padres me contaban con cuánto ahínco había seguido haciendo esto después de regresar a su casa, y que al final había enviado cien tarjetas a aquellos que habían orado por su recuperación y —aun más— por su restauración espiritual. La gracia se había hecho presente como un manantial refrescante, y torrentes de gratitud habían salido precipitadamente.

Las tarjetas de agradecimiento son una manera tangible de comunicar qué hay (o debería haber) en nuestro corazón. Una manera de expresar agradecimiento por los beneficios que hemos recibido de los demás: regalos, favores, ejemplos y consejos piadosos, oraciones, aliento, etc.

¿Es necesario escribir a mano estas tarjetas? ¿Qué te parece un mensaje por correo electrónico (o para mis lectores más jóvenes, Facebook, mensajes de texto, Twitter o cualquier otro medio electrónico que todavía no domino)? Para muchas de nosotras, la comunicación electrónica es la manera más rápida y fácil de enviar un mensaje. A menudo envío correos electrónicos para expresarle gratitud a una amiga o colega. Y siempre agradezco estar del lado del destinatario en este tipo de correos electrónicos. Desde luego, no hay una "manera correcta" de decir "gracias".

Sin embargo, en esta era de alta tecnología, sigo creyendo que nada se compara a una "carta real", ya sea escrita a mano o en computadora. (Generalmente envío tarjetas escritas a mano, ¡aunque confieso que, en mi caso, las escritas en computadora serían más legibles para el destinatario!).

No te detengas a pensar tanto en la "metodología". *Decide* tener un corazón agradecido y tómate un tiempo para expresar tu gratitud tan a menudo como te sea posible, por cualquier medio que te sea posible, a tantas personas como te sea posible. Cuando pienso en cuántas veces Dios ha usado cartas de agradecimiento de otras personas para animar y fortalecer mi corazón, me pregunto quién más pudo haber necesitado una palabra de aliento, pero yo no respondí al impulso del Espíritu de Dios.

Uno de los ejercicios más importantes que pueden hacer como familia o grupo es tomarse un tiempo para concentrarse en la gratitud en conjunto.

Creo que el apóstol Pablo (un escritor prolífico de cartas de agradecimiento) se regocijaría al ver que practicamos lo que él dijo: que aquellos que siembran generosamente también segarán generosamente, pues "[abundan] en muchas acciones de gracias a Dios" (2 Co. 9:6-15).

Si aún no lo has puesto en práctica, te aconsejo que lo hagas con entusiasmo. Tal vez podrías tener algunas tarjetas de agradecimiento junto a tu cama, en tu escritorio o en cualquier lugar que te sea práctico. Si quieres hacer uno de los mandados de gratitud más agradables y alentadores, mantén tu pila de tarjetas y papel de carta bien surtido. Es una inversión de tu tiempo en beneficio de otros que no puedes dejar de hacer.

Es positivamente gratitudinal.

• *Háganlo juntos, como un ejercicio para edificar el cuerpo.* Uno de los ejercicios más importantes que pueden hacer como familia, clase de escuela dominical, grupo de estudio bíblico, grupo de compañeros de trabajo o tal vez toda una iglesia, es tomarse un tiempo para concentrarse en la gratitud en conjunto.

Expresiones de gratitud deliberadas, focalizadas y dirigidas por el Espíritu Santo.

Haz de estas expresiones de gratitud el énfasis tanto de tu alabanza personal como corporativa. Pídele a Dios que desarrolle en ti y en tu grupo un espíritu agradecido, con mayor agradecimiento por su gracia, dirección y salvación, así como para crecer en gratitud por aquellas pequeñas cosas que se pasan por alto.

Recordarás que una de las mayores preocupaciones del apóstol Pablo era su carga por la unidad del cuerpo de Cristo. Pablo sabía que pocas cosas proporcionan un ejemplo más convincente de lo que Cristo puede hacer en la vida de una persona que la unidad de personas drásticamente diferentes, que laten al pulso y ritmo del reino. El apóstol sabía que una iglesia unida en una misión —no simplemente en el liderazgo, sino en todo el cuerpo— podría verdaderamente escuchar el latido del corazón de Dios y moverse a su ritmo.

Si tu familia, grupo o iglesia desarrollaran un espíritu de gratitud corporativa, ¿cuántas disputas banales desaparecerían? ¿Cuántas personas, que han estado en conflicto con otras personas, encontrarían una razón para ponerle fin a su egoísmo y disensión? ¿Cuántos ministerios se reavivarían y serían verdaderamente útiles, si simplemente estuvieran compuestos por hombres y mujeres tan llenos de gracia que cada vez fueran más agradecidos por el privilegio de servir juntos a Dios?

En este momento sería un cambio bienvenido, ¿verdad? Yo lo llamo un cambio gratitudinal. Y en este día lo estoy proponiendo.

(¿Me permites desviarme un poco del tema?). Es necesario exhortar a cada grupo demográfico dentro del cuerpo de Cristo a cultivar una actitud de agradecimiento. Además, creo que este enfoque es particularmente importante para aquellas mujeres de edad sin marido. Al observar el paso de los años en las mujeres, he visto que practicar proactivamente la gratitud puede ayudar a contrarrestar la tendencia natural de las mujeres de edad a ser negativas, deleznables, rigurosas, aisladas, amargadas y quejosas; mujeres que hacen que la vida sea desagradable para ellas mismas y para los demás. Creo que una mujer agradecida y humilde que camina en comunión con otros creyentes será cada vez más tolerante, más generosa y, sí, más bella; por dentro y por fuera. ¡Solo una nota de advertencia y aliento para cualquier mujer que pueda pertenecer a esta categoría!).

Cuando la gratitud llega a ser una predisposición innata, la vida cambia.

HACIA DÓNDE VAMOS

Al apelar a un cambio gratitudinal, no te estoy proponiendo algo trivial e irrelevante, mucho menos algo fingido o falaz. Cuando la gratitud llega a ser una predisposición innata, la vida cambia. Como hemos dicho anteriormente, el mundo entero se ve diferente cuando lo miras a través de los lentes de la gratitud. Un problema que antes solía abrumarte, ahora toma su debido lugar detrás de otras veinte bendiciones que son más grandes que ese problema. Un asunto recurrente que una vez produjo una amplia gama de emociones contenidas, ahora solo produce una nueva excusa para alabar a Dios con mayor fervor que nunca, al saber que Él es más que verdadero y digno de confianza.

La gratitud cambia las cosas.

Sin embargo, primero debes decirle a Dios que vas en esa dirección. Dile que vas a procurar que tu salvación sea más que un suceso que pasó una vez, sino antes bien una causa diaria de celebración y asombro.

Dile que vas a hacer de cada día una nueva oportunidad de contemplar sus bendiciones, tanto en las cosas grandes como en las pequeñas; desde la dádiva impresionante y asombrosa de su gracia redentora, hasta el privilegio de tener una familia saludable o el placer de no tener una de esas dolorosas llagas en la boca. (¿Has estado agradecida por estas cosas últimamente?).

Dile que vas a ofrecerle cada situación y circunstancia de tu vida, incluso aquellas que todavía duelen, aquellas que no tienen sentido en absoluto, aquellas que simplemente no entiendes por qué las tienes que soportar en este momento. Sin importar lo mal que se pongan las cosas, lo que te digan los demás, el tiempo que llevas soportando la prueba o dónde te lleve, descarga todo el peso a los pies del Señor cada noche, sé agradecida por la fortaleza que te dio ese día y espera en su misericordia que es nueva cada mañana (¡aunque puede que la necesites otra vez al mediodía!).

Hasta las personas más pudientes y materialmente bendecidas de la historia del mundo se han vuelto irascibles, amargadas, orgullosas y desagradecidas. Hemos llegado a tener un falso sentido del merecimiento y a creer la idea nada bíblica de que Dios nos debe dar lujos y comodidades, o al menos la oportunidad de pasar dos semanas sin tener que lidiar con este asunto en particular tan difícil o desalentador. Difícilmente podamos concebir que nuestros antepasados espirituales (y hermanos y hermanas alrededor del mundo en nuestra propia era) hayan llegado hasta el martirio cantando himnos de alabanza a Dios.

Estimada amiga, Dios te ama, sus promesas son seguras y tu destino celestial ha sido establecido para siempre si confiesas a Cristo Jesús como tu Señor y Salvador. Pero parte de la obra santa a realizarse en nosotras y a través de nosotras solo puede alcanzarse a través del valle de la sombra y la aflicción. ¿Te vas a resistir a ello? ¿O vas a ser barro en sus manos, sabiendo que Él quiere moldearte a imagen de Cristo y quiere usar tu vida para algo mucho más grande que tu propia comodidad, conveniencia y placer? Él quiere que tu vida sea parte de un cuadro grandioso, eterno y redentor, que describa la maravilla de su gracia salvadora. Un día ese cuadro estará completo y juntos glorificaremos su nombre para siempre.

Mientras tanto, podemos rendirnos a Él voluntariamente, en la confianza de que los caminos de Dios son más altos que los nuestros o podemos patalear y gritar. La decisión es nuestra.

Quiero que todas sigamos caminando de manera que le agrade al Señor y nos coloque en el centro de su voluntad y plan supremos. De modo que te digo y me digo: Humillémonos en fe y sumisión.

Y para nuestro propio bien y la gloria de Dios, procedamos llenos de gracia.

Y seamos agradecidas.

Una posdata personal

*Para aquellas que piensan:
"¡Yo no puedo dar gracias en todo!"*

Al leer este libro, es posible que te hayas quedado convencida de que en tu corazón hay raíces de ingratitud. Tal vez hayas sentido el llamado a cultivar un estilo de vida que "[dé] gracias en todo", pero hay una lucha en tu corazón. En realidad no has podido dar el paso decisivo de decir sin reservas "sí" a ese llamado.

Podría ser que en tu vida haya una circunstancia particular por la cual no puedas dar gracias. O tal vez sepas que tienes que ser más agradecida, pero te das cuenta de que todavía quieres hacer cualquier cosa menos "despojarte" de *toda* queja y comprometerte sin reservas a dar gracias en *todo*.

Si te identificas con cualquiera de estas luchas, esta posdata es para ti.

MI PROPIA LUCHA

Normalmente, al desarrollar un libro o mensaje nuevos, mi propio corazón se confronta con las verdades que estoy llamando a otros a aceptar, y a menudo llego a un nuevo nivel de arrepentimiento.

Cuando me propuse escribir un libro sobre gratitud, de alguna manera pensaba que este tema sería "más fácil" de enfrentar personalmente que otros sobre los que había escrito en el pasado;

temas como el *quebrantamiento*, la *santidad* y la *rendición*. (Tras escribir libros sobre estos temas "de peso", dije en broma: "¡Quiero escribir un libro sobre la *paz* o la *felicidad*!"). ¡Qué equivocada estaba!

Progresivamente, durante las semanas que pasé inmersa en este manuscrito, el Espíritu de Dios hizo resplandecer su luz en mi corazón y expuso algunos asuntos que no estaba segura de querer afrontar.

Esto me colocó en una posición difícil, porque me comprometí a no "hablar" de aquello que en realidad no estoy viviendo.

Durante los últimos días del proceso de edición, la convicción del Espíritu y la batalla en mi corazón se hicieron más intensas. Finalmente, un sábado a última hora de la noche, sentí la necesidad de escribir un mensaje por correo electrónico, de abrir mi corazón a varias amigas a las cuales les he estado rindiendo cuentas de mi vida espiritual. Aunque es personal, me siento impulsada a darte a conocer un extracto de aquel mensaje por correo electrónico. Esto es lo que escribí:

> No me atrevo a publicar este libro, porque hay una brecha significativa entre parte de su contenido y la práctica de este en mi propia vida. Sé que lo que he escrito acerca de la necesidad de ser agradecidas es verdad. Pero sigo luchando fuertemente para poder apropiarme de algunas de esas cosas y ponerlas en práctica; por ejemplo, "ser agradecida y gozosa" a la hora de tener que tratar con las cosas que me estresan y me ponen a prueba. El hecho es que aún me reservo el derecho de "quejarme", en vez de "alabar", por las dificultades de mi vida.
>
> Leo algunas de las exhortaciones que he hecho en este manuscrito y pienso: "Sé que aún no las he puesto en práctica, y no estoy segura de querer tomar la decisión de hacerlo" (o más

sincera y arriesgadamente: "No quiero tomar esta decisión, y no sé si lo haré").

El mensaje de este libro ha estado obrando en mi vida. Pero no basta con ser "oidores", es necesario ser "hacedores". Tengo que flamear la bandera blanca de la rendición y decir: "Sí, Señor", y después hacer lo que sé que Él quiere que haga.

Me he "predicado a mí misma bajo convicción" mientras escribía sobre dar gracias en todo. Sé que tengo que dar un paso más de obediencia y rendición en mi vida antes de poder publicar este libro con libertad y un "corazón sincero".

La respuesta obvia es: "¡Entonces, flamea la bandera blanca!". Para ser sincera, aún no lo he logrado. Pero les estoy contando esto como un primer paso. Sé que Él es Señor y es digno de mi rendición con gozo y sin reservas.

Mientras escribía este correo electrónico, me debatía entre la decisión de enviarlo o no. Sabía que enviarlo me iba a colocar en un compromiso que no tendría que afrontar si tan solo guardaba estas cosas en mi corazón.

Sin embargo, también sabía que Dios derrama gracia sobre el humilde. Sabía que "andar en la luz" y humillarnos y confesar nuestras necesidades ante Dios y las personas (al descubierto y expuestas) es esencial en el proceso de la transformación. Sentí que debía dar el paso de enviar ese mensaje por correo electrónico si quería obtener la victoria y la transformación que Dios quería en este ámbito de mi vida.

"SÍ, SEÑOR"

A la mañana siguiente fui a la iglesia, y al entrar al servicio oré para que el Señor ungiera al líder de alabanza y al pastor. Cuando el líder de alabanza subió a la plataforma, habló brevemente de la necesidad de caer sobre Jesucristo, la Roca, quebrantados, para que la Roca no tenga que caer sobre nosotros y nos desmenuce (ver Lc. 20:18). ¡Sentí como si aquel hombre hubiera estado leyendo mi mensaje por correo electrónico!

Siguió diciendo que "caer sobre la Roca" significa que debemos estar dispuestos a "cambiar cuando Él nos lo pida", y "ajustarnos a su voluntad". Para entonces, parecía como si yo fuera la única persona en aquel servicio y Dios me estaba hablando directamente a mí. Apenas podía respirar.

Durante los quince minutos siguientes, cantamos algunos cánticos acerca de la cruz de Cristo y el sacrificio que Él pagó por nuestros pecados. Escuchamos la lectura de Isaías 53, que dice que nuestros pecados (incluso mi pecado de queja) fueron colocados sobre Cristo en la cruz.

Después, nuestro pastor nos llevó a la Palabra en preparación para la Santa Cena. Siempre esperaba con ansias la celebración de la Santa Cena. ¡Pero justo ese día! Me senté y abrí la Biblia en 1 Corintios 11, mis ojos se fijaron en los versículos que dicen que el cuerpo de Jesús fue quebrado por mí —pues Él le dijo "sí" a la voluntad del Padre— y hablan del peligro de participar del pan o la copa del Señor "indignamente", pues aquel que lo hace "será culpado del cuerpo y de la sangre del Señor" (v. 27). Sabía que aquel no era un momento sin importancia.

Mientras se repartían los elementos uno a uno, primero recibí el pan y luego el jugo. Me senté en presencia de Cristo con lágrimas en los ojos, medité en la cruz y me sentí compungida ante el pensamiento de presentarme ante Él con reservas y condiciones, después de su gran sacrificio.

Sentí una profunda convicción de pecado por obra del Espíritu Santo, pero como producto de su gracia. Confesé mi orgullo y resistencia y le pedí que me perdonara. Le di gracias por lo que había hecho por mí en el Calvario y permití que su sangre lavara mi corazón.

Finalmente flameé la bandera blanca en mi corazón, y dije: "*Sí, Señor.* Estoy totalmente dispuesta a transitar junto a ti el camino de la gratitud. No quiero ser "relativamente agradecida" tan solo para guardar las apariencias. Por tu gracia, quiero poner el hacha en la raíz de cada vestigio de queja para llegar a ser una mujer radicalmente agradecida".

En aquel momento sagrado, adoré al Señor.

Me di cuenta de que la santificación es un proceso de toda la vida. Y no espero que años de malos hábitos se deshagan de la noche a la mañana. "Despojarse" de la antigua vida de la carne y "vestirse" la vida nueva del Espíritu requiere intencionalidad, humildad, tiempo y esfuerzo.

No obstante, mi corazón está firme en este camino. Y asumí el compromiso de rendir cuentas a otras personas que están dispuestas a acompañarme en este proceso hasta que, por la gracia de Dios, la gratitud llegue a ser una "predisposición innata" en mi corazón y mi respuesta a todo en la vida.

¿Transitarás junto a mí este camino? ¡Él es digno!

> *Finalmente flameé la bandera blanca en mi corazón, y dije: "Sí, Señor. Estoy totalmente dispuesta a transitar junto a ti el camino de la gratitud".*

Para crecer en gratitud:

UNA GUÍA DEVOCIONAL DE 30 DÍAS

*Cada vez que escucho la palabra gracia,
recuerdo que todos los días debo vivir
una vida que refleje mi gratitud a Dios.*

Charles W. Colson[1]

Con los años he aprendido —y lo he recordado varias veces al escribir este libro— que ser una persona agradecida es una decisión. Si no decido ser agradecida, por defecto, decido ser desagradecida. Y, una vez que le doy cabida en mi vida a la ingratitud, esta trae consigo muchos otros compañeros indeseables que solo me aportan destrucción y se llevan mi gozo. No tomar la decisión de ser agradecidos —diaria y deliberadamente— es más costoso de lo que muchos se puedan imaginar.

Al leer este libro, confío que el Señor haya despertado en ti el deseo de responder a y reflejar su gracia mediante un estilo de vida de sincera y humilde gratitud. Pero la gratitud, como cualquier otra de las virtudes y disciplinas cristianas, no "surge" de la nada. Se requiere de un esfuerzo intencional. Por eso, creo que *las páginas a continuación podrían ser la parte más importante de este libro, que te pueden cambiar la vida.*

Suelo leer muchos buenos libros que me retan y me convencen

de pecado respecto a ámbitos específicos de mi vida cristiana. Pero muchas veces, cuando termino el libro, regreso a mi biblioteca y escojo el siguiente buen libro que quiero leer, *antes* de haberme tomado el tiempo para responder a lo que acabo de leer con arrepentimiento, obediencia y práctica de las verdades de la Palabra de Dios en el laboratorio de la vida.

Al diablo (¡que, a propósito, es el mayor ejemplo de *in*gratitud!) no le importa si lees un libro sobre la gratitud mientras no permitas que la verdad haga su obra en tu corazón y cambie tu manera de pensar y de vivir. ¡Mientras, en realidad, no escojas agradecer!

De modo que, antes de cerrar este libro, quiero retarte a que pongas en práctica lo que acabas de leer y para esto necesitarás más que unos minutos apresurados. Como he indicado en el capítulo anterior, desarrollar hábitos nuevos y disciplinas espirituales nuevas toma su tiempo.

Yo sé… que estás muy ocupada y que no necesitas agregar otra cosa a tus múltiples ocupaciones ¿verdad? Pues bien, si buscas tiempo en tu agenda y aceptas el reto que te estoy presentando, ¡estoy segura de que estarás *agradecida* de haberlo hecho!

En el capítulo 9, te aconsejé que te tomaras un período de treinta días para concentrarte en cultivar una actitud de agradecimiento. Esto es lo que te quiero ayudar a hacer en esta última sección. Tienes que dedicar de veinte a treinta minutos al día, preferiblemente en un momento y lugar donde las distracciones sean mínimas. (Para evitar perderte esta cita en tus días ya bastante repletos, agrégala a tu agenda como cualquier otra cita).

Hay dos cosas que querrás tener para esta aventura devocional:

1. *Una Biblia*. No podemos comenzar esta aventura devocional sin llevar con nosotras la Biblia. Cada día incluye la lectura de un pasaje. No lo leas a la ligera. Degústalo. Medita en él. Pídele al

Espíritu Santo que resalte palabras y frases para que queden grabadas en tu memoria. Serán las palabras *de Dios* —no las mías— las que transformarán tu vida y harán de ti una persona agradecida.

2. Un diario personal. No hay suficiente espacio en las páginas de este libro para anotar todo lo que Dios estará haciendo en tu vida al hacer progresos cada día. Un diario personal te ayudará a sacar el máximo provecho de esta sección, o puedes usar simplemente un cuaderno en blanco. Aquí hay algunas sugerencias de cómo desarrollar tu "diario personal de gratitud" durante las próximas semanas (y más en adelante):

- Anota cualquier pensamiento clave y percepción que hayas obtenido de la lectura bíblica de cada día, con relación al agradecimiento.
- Anota tus respuestas a preguntas y tareas a lo largo de este devocional de 30 días. Esto incluirá "listas de gratitud" en varias categorías diferentes.
- Escribe tus oraciones en respuesta a tu estudio y meditación.
- Cada día, haz una lista de cinco cosas por las que estás agradecida ese día. Al buscar cosas para anotar cada día, te asombrarás al ver que las misericordias de Dios son "nuevas cada mañana" (Lm. 3:23).
- Anota otros pasajes de las Escrituras que hayas leído y se relacionen con el tema de la gratitud y la acción de gracias.
- Haz tuya cualquier idea adicional que el Señor te muestre acerca de la gratitud y ponla en el centro de tus pensamientos. Escribe cómo te va en tu tarea de cultivar un corazón agradecido. Fíjate en lo que el Señor te muestra en el proceso: enfrentar un asunto delicado que has guardado en tu corazón, cuidarte de todo aquello que provoque ingratitud

en tu vida, pensar en todo aquello que despierte gratitud en tu vida, meditar en las consecuencias de la ingratitud y en las bendiciones de la gratitud y ver la influencia de las personas agradecidas en aquellos que las rodean, etc.

¡No existe una "manera correcta" de hacer esto! Puede que encuentres útil organizar tu "diario personal de gratitud" en estas secciones, o puede que simplemente quieras comenzar de cero cada día y escribir cosas de estos u otros ámbitos relacionados con la gratitud.

Algo más: esta guía de 30 días incluye muchos ejercicios prácticos diseñados para ayudarte a ser una persona más agradecida. Pero no te preocupes tanto por responder a cada pregunta o hacer cada tarea y cada lista que te pierdas el asunto central. Estas son simplemente sugerencias. Si ves que una pregunta o proyecto en particular no es útil... sigue adelante con el siguiente. La cuestión es dejar que el Señor te hable por medio de su Palabra, y responder a Él en humildad y obediencia, mientras buscas hacer de la gratitud una forma de vida.

¿De acuerdo? ¡Comencemos!

DÍA 1: *Caracterizadas por la gratitud*

LECTURA BÍBLICA: *Colosenses 3:12–17*

Hemos dicho que gratitud es aprender a "reconocer y expresar agradecimiento por los beneficios que hemos recibido de Dios y los demás". Hoy vamos a desglosar un poco sus componentes:

Para "reconocer" lo que recibimos cada día, los ojos de nuestro corazón deben estar abiertos y alertas. Esto significa estar constantemente prestando atención a las bendiciones, y hacer que cada día sea una búsqueda del tesoro. Tengo un amigo que ha empezado el hábito de agradecerle al Señor por diez cosas cada mañana antes de salir de la cama. Este amigo quiere comenzar el día concentrado en la bondad de Dios, en vez de pensar en cualquier problema o reto que podría tener que enfrentar ese día.

"Expresar agradecimiento" significa que ¡lo que hay en nuestro corazón debe aflorar! Significa tener la intención deliberada de agradecer a Dios y a los demás por las bendiciones que hemos recibido. También significa frecuentes oportunidades de invertir nuevamente en aquellos que integran nuestra vida. Es nuestro regalo recíproco a ellos y al Señor.

Estar atentas a "los beneficios que hemos recibido" nos ayuda a eliminar la amargura y el sentido de merecimiento de nuestro corazón, y a reemplazar los pensamientos negativos y depresivos con la comprensión de que nuestro Padre amado nos ha colmado de cosas buenas, y que incluso las "cosas malas" de nuestra vida son "beneficios" diseñados para hacernos más semejantes a Jesús.

La gratitud cambia la manera de comenzar el día, pasar el día y meditar en el día que pasó. Nos caracteriza como personas que valoran su relación con Dios y con aquellos que Él ha colocado a nuestro alrededor. Cuando le agradecemos a Él y a los demás a lo largo del día, estamos manifestando humildad, pues sabemos que estos "beneficios" son totalmente inmerecidos.

GRATITUD EN ACCIÓN

1. En general, ¿cómo evaluarías tu "coeficiente de gratitud"? (Si no estás segura —o quisieras saber cómo responderían otros esta pregunta acerca de ti— pregúntaselo a personas que vivan o trabajen contigo... ¡aquellos que sepas que serán sinceros contigo!). Marca cualquiera de las descripciones siguientes que te describan a ti:

   ❏ Miro el mundo con agradecimiento y expreso mi gratitud a Dios y a los demás constantemente.
   ❏ Sé que he sido bendecida sobremanera, pero en realidad no me detengo muy a menudo a expresar mi gratitud a Dios y a los demás.
   ❏ Para ser sincera, no he pensado mucho en la gratitud hasta que leí este libro. Aún me falta mucho para desarrollar un estilo de vida de gratitud.
   ❏ ¡Soy una persona que se queja mucho! Tiendo a centrarme en mis problemas y casi siempre lo exteriorizo ante los demás.

2. Escribe una oración en la que le pides al Señor que cultive en ti un corazón más agradecido durante los treinta días siguientes. Si te has dado cuenta de que tu "coeficiente de gratitud" no es el que debería ser, confiesa al Señor que tienes un espíritu desagradecido. Pídele que te perdone y te transforme con el poder de su Espíritu en una persona verdaderamente agradecida.

3. Escribe y memoriza la definición de gratitud del comienzo de la lectura de hoy, y repásala cada vez que no te sientas tan agradecida por tu situación y realidad en la vida.

DÍA 2: *Abundemos en acciones de gracias*

LECTURA BÍBLICA: *Colosenses 1:3, 12; 2:7; 3:15-17; 4:2*

Cada capítulo de la carta de Pablo a los Colosenses tiene al menos una referencia a la actitud de agradecimiento. Subraya o marca con un círculo las palabras "gracia", "gracias", "acción(es) de gracias" y "agradecidos" de estos versículos en tu Biblia.

Pablo deja claro que ser agradecido no es opcional. Aprendemos acerca de la fuente, la naturaleza, la frecuencia, el objeto y el alcance del agradecimiento, y se nos presenta a sus compañeros. Escribe en tu diario personal todos los conceptos de la gratitud cristiana que encuentres en estos versículos de Colosenses.

El tema central de Colosenses es *Cristo*. Él es exaltado y adorado por:

- Su naturaleza divina.
- Ser el Creador y Sustentador de todas las cosas.
- Su preeminencia sobre toda la creación y sobre todo principado y potestad.
- Su obra redentora y reconciliadora en la cruz.
- Derrotar a los gobernadores de las tinieblas.
- Ser la Cabeza de la Iglesia que es su cuerpo.
- Ser el cumplimiento y la substancia de los tipos y las figuras del Antiguo Testamento.
- Ser la vida del creyente y nuestra esperanza de gloria.
- ¡Y por mucho más!

Como todos aquellos que están "muertos" en Cristo, "sepultados con él en el bautismo" y "resucitados con él, mediante la fe", nuestro gozo y esperanza no emanan de ninguna fuente terrenal o de nuestra práctica religiosa, sino de *Él*.

¡En los cuatro capítulos de esta breve epístola, Pablo llama a los creyentes a perdonar y amar, y ser sexualmente puros, compasivos, benignos, humildes, mansos, pacientes, sosegados, obedientes, justos, sabios, misericordiosos y *agradecidos*!

¡Oh! ¡Esto es muy difícil de lograr! Pero todo aquello que hemos sido llamadas a ser y a hacer como "cristianas" fluye de quién es *Cristo* en nosotras, y de lo que Él ya ha hecho por nosotras.

Conforme Cristo abunda en su infinito esplendor y gracia hacia nosotras, podemos caminar por fe en Él, tener abundante motivación —y apoyo divino— para vivir una vida que esté siempre "abundando en acciones de gracias".

GRATITUD EN ACCIÓN

Como con cada virtud y con todo lo que se espera de nosotras como hijas de Dios, el verdadero agradecimiento se origina y se fundamenta en Cristo y en su evangelio. Y se desarrolla cuando Él vive en nosotras. Lee atentamente uno o más de los siguientes pasajes de Colosenses, medita en ellos, preséntalos a Dios en oración y úsalos como base para darle gracias (a continuación te ayudo con el primero):

- 1:12-14: *Oh Padre, con gozo te doy gracias, porque me rescataste de la oscuridad en que vivía y me llevaste al reino de tu amado Hijo; y, por tu gracia, me has preparado para recibir —junto a otros que pertenecen a tu familia— las infinitas riquezas de tu herencia...*

- 1:15-22
- 2:9-15
- 3:1-11

DÍA 3: *Díganlo los redimidos*
LECTURA BÍBLICA: *Salmo 107:1-32*

El tema del Salmo 107 se pone de manifiesto en los primeros dos versículos:

> *Alabad a Jehová, porque él es bueno;*
> *Porque para siempre es su misericordia.*
> *Díganlo los redimidos de Jehová,*
> *Los que ha redimido del poder del enemigo.*

A este tema le siguen cuatro "testimonios personales"; ilustraciones de aquellos que han sido redimidos por el Señor y tienen una razón para darle gracias. Cada testimonio incluye una progresión similar:

- Angustia por la situación difícil en que se encuentra.
- Clamor de desesperación al Señor por ayuda.
- Liberación divina.

El pasaje está entremezclado con una respuesta: un "coro de acción de gracias" que se repite al final de cada testimonio (vv. 8, 15, 21, 31). Copia las palabras de este coro en tu diario personal.

¿Cuán a menudo le das gracias al Señor conscientemente por su inefable misericordia y amor, y por las "maravillas" que ha hecho en tu vida?

GRATITUD EN ACCIÓN
1. Escribe tu testimonio personal de la gracia redentora de Dios,

usando como modelo la progresión que se encuentra en el Salmo 107.

- ¿Cómo era tu vida antes de la redención del Señor? (Si necesitas ayuda para empezar, lee Efesios 2:1-3).
- ¿De qué manera te ha llevado Dios al límite de tus fuerzas, al lugar donde clamaste a Él por misericordia?
- ¿Cuál ha sido el reto en tu vida desde que Él te hizo libre de tu esclavitud del pecado?

2. Si tienes tiempo adicional, escribe otro breve testimonio de un momento *posterior* a tu salvación, cuando estabas en angustia, clamaste al Señor y Él te rescató.

3. Ahora bien, vuelve a leer los primeros dos versículos del Salmo 107 y el "coro" que se repite a lo largo de todo el salmo. Dedica tiempo a dar gracias al Señor por su gran amor y su obra redentora en tu vida.

4. "*Díganlo los redimidos de Jehová*" (v. 2). Cuenta tu historia (¡la historia de Dios!) a otra persona hoy. Dile cuán agradecida estás al Señor por salvarte eternamente, pero también cada día.

DÍA 4: *Otra... y otra*

LECTURA BÍBLICA: *Salmo 103:1-5*

Hace poco entrevisté para nuestro programa de radio *Aviva nuestros corazones* a una mujer que había memorizado y meditado en las Escrituras fielmente por más de cincuenta años. Aquella mujer nos hablaba de la cantidad de beneficios que ha recibido como resultado de guardar la Palabra de Dios en su corazón.

Me asombré cuando dijo que nunca se había deprimido. Nos explicó que cada vez que se siente un poco triste o melancólica, comienza a recitar el Salmo 103. En aquel momento de la entrevista procedió a recitar todo el salmo de memoria, reflexiva y profundamente.

Fue una experiencia conmovedora para todos los que estábamos en la habitación escuchando. Cuando llegó al final del pasaje, hubo un silencio santo. El primer pensamiento que vino a mi mente fue: "¿Cómo es posible que una persona pueda dejarse abrumar por la depresión, y cómo es posible que alguna vez pueda haberme rendido al desaliento, si todas estas bendiciones son nuestras? ¡Y lo son!".

Al reconocer e identificar las bendiciones específicas que hemos recibido de Dios y de los demás, descubrimos infinidad de razones para expresar gratitud. El salmista se tomó tiempo para bendecir al Señor por cada uno de los beneficios específicos; ¡no quería olvidarse de ninguno de ellos! Hoy, al abrirle tu corazón a Dios en oración, pídele que te revele cuán grande es realmente tu "paquete de bendiciones".

Designa varias páginas de tu diario personal o cuaderno para cada uno de estos dos encabezamientos: "Regalos de Dios" y "Regalos de los demás". Después comienza a hacer una lista de todo lo que te viene a la mente. Cuando comiences a llenar estas páginas con ejemplos personales, es bastante natural que comiences a recordar las bendiciones más rápido de lo que puedas escribir y otras veces dejes un espacio en blanco sin saber qué escribir. De modo que no trates de forzar esto en un ejercicio de diez minutos de una sola vez. Sigue añadiendo a estas listas tantos regalos adicionales como recuerdes durante los treinta días siguientes (¡y de aquí en adelante!).

GRATITUD EN ACCIÓN

1. Después de escribir una lista de tus bendiciones, dedica tiempo a repasar la lista línea por línea, y dale gracias a Dios por cada uno de esos "beneficios".

2. Lee el Salmo 103. Durante la próxima semana, trata de memorizar y meditar en, al menos, los primeros cinco versículos.

DÍA 5: *Ahondemos un poco más*

LECTURA BÍBLICA: *Efesios 5:15-21*

Dado que ayer comenzaste a enumerar algunas de tus bendiciones, espero que seas más consciente de la multitud de razones que tienes para ser agradecida. Recuerdo la ilustración visual del jarro lleno de piedrecitas. El orador dijo: "¿Dirían ustedes que este jarro está lleno?". Sí. "¿Hay alguna posibilidad de que tenga algún espacio más?". No. Pero si le seguimos agregando piedras más pequeñas y arena, pronto descubriremos que había más espacio del que pensábamos.

Recuerdo escuchar a un amigo contar que, mientras se cepillaba los dientes una mañana y meditaba sobre uno de los versículos de la lectura de hoy (Ef. 5:20), le llamó la atención la palabra "todo". Entonces, al recordar la importancia de agradecer a Dios incluso por aquellas "pequeñas cosas" que a menudo pasamos por alto, hizo una pausa y dio gracias por, bueno... su cepillo de dientes. Y su dentífrico. Y, mientras se cepillaba los dientes, dio gracias a Dios por sus dientes, probablemente por primera vez en la vida.

Puede que tengas que hacer otra lista de estas cosas aparte de aquellas que escribiste ayer, pero definitivamente es una categoría que vale la pena considerar. Dado que todo es dádiva de Dios (Stg. 1:17) debemos estar agradecidas por "todo".

Mi amigo dijo que también pensó: "Si la provisión de mañana depende de mi acción de gracias de hoy, ¿cuánto tendría mañana?". ¡Algo para pensar!

GRATITUD EN ACCIÓN

1. ¿Qué "pequeñas cosas" puedes agregar a las listas de gratitud que has comenzado?

2. Algunas de las cosas de tu lista de "todo" te harán reconocer que no has valorado a algunas personas que forman parte de tu vida. Dales las gracias hoy de alguna manera.

DÍA 6: *Las diez bendiciones principales*

LECTURA BÍBLICA: *Romanos 11:33-36*

Robertson McQuilkin, anterior presidente de la Universidad Internacional de Columbia, cuenta que después que a su esposa le diagnosticaran la enfermedad de Alzheimer y su hijo mayor falleciera, se retiró solo a un refugio en la montaña para tratar de reorientar su corazón y recuperar el amor por Dios, que lentamente se había evaporado por la presión de la trágica pérdida personal.

Desde luego, no sucedió en los primeros cinco minutos, pero después de un día consagrado a la oración y al ayuno, comenzó a escribirle una carta de amor a Dios, donde le mencionaba las dádivas que había recibido de su mano y le adoraba con papel y lápiz. En aquel tiempo de restauración, identificó particularmente diez bendiciones de Dios que excedían absolutamente su imaginación. No podía encontrar las palabras que expresaran cuán valiosas eran aquellas bendiciones; no podía imaginarse la vida sin ellas.

¡Qué buena idea! De hecho, te animo a que repases las listas que has hecho en los últimos días y elijas las diez bendiciones principales; es como una película con los momentos destacados de las bendiciones espirituales tan grandes que nunca podrías generar suficiente gratitud para expresar lo que significan para ti y lo que dicen de tu Salvador.

Y fíjate si, igual que Robertson McQuilkin, te das cuenta de que tu amor por Dios se ha renovado mediante lo que él llamó "el acto reflejo de acción de gracias. De las cenizas muertas de mi corazón se ha encendido un nuevo amor por Dios, y mi espíritu se ha elevado. He descubierto que la ingratitud empobrece; pero que un corazón oprimido se eleva con las alas de la alabanza".[2]

GRATITUD EN ACCIÓN

Puesto que toda una vida no es suficiente para dar las gracias por estas bendiciones, la próxima vez que tu mente se inquiete con pensamientos tristes o con preocupación, saca tu lista de las diez bendiciones principales y, conscientemente, desvía tu atención de lo que te está agobiando y comienza a dar gracias por aquellas cosas que están en tu lista.

DÍA 7: *Da gracias por la sanidad... a gran voz y claramente*

LECTURA BÍBLICA: *Lucas 17:11-15*

En el capítulo 3 hablamos del episodio en el que Jesús sanó a los diez leprosos, pero fíjate en algunas cosas más que caracterizaron a aquel que regresó para darle "gracias" a Jesús:

Primero, volvió hablando a gran voz. Este no era un asunto privado, ni una conversación personal con Jesús en un lugar apartado: "Entonces uno de ellos, viendo que había sido sanado, volvió, *glorificando a Dios a gran voz*" (Lc. 17:15). Este hombre, simplemente, no podía contener su gratitud. Esta ocasión requería una demostración de gratitud desinhibida, extrema y pública.

¡Oh, qué espíritu agradecido vemos en aquel hombre! Que el volumen de nuestra gratitud se eleve no solo cuando pedimos ayuda (como hicieron los diez leprosos), sino también cuando le agradecemos a nuestro Ayudador. ¡Que nuestra acción de gracias sea tan obvia y expresiva como cuando oramos por nuestras necesidades!

Pienso en mi papá, cuya respuesta acostumbrada, como mencioné anteriormente, era "Estoy *mejor de lo que merezco*". Pienso en mi querida amiga "Mamá Johnson", ahora en el cielo después de vivir una larga vida de noventa y dos años en esta tierra, que a menudo decía: "Tengo más bendiciones que problemas". Pienso en las personas más alegres y simpáticas que conozco; en cuya compañía me encanta estar, que bendicen y enriquecen mi vida cada vez que estoy con ellas. No es que carezcan totalmente de problemas o que sus historias no tengan ninguna complicación, o que tengan razones muy obvias para estar felices. Simplemente son personas más "expresivas" a la hora de dar gracias, a quienes nunca escuchamos recitar una larga lista de problemas, quejas y críticas, sino que decidieron ser agradecidas. Estas personas saben que ya han recibido más de lo que la vida pudiera costarles alguna vez. Y, a pesar de los fuertes intentos de este mundo por consumirles hasta lo último, el Señor les añade cada vez más y les encanta explicarlo a otros.

Yo quiero ser una de esas personas, ¿y tú?

Segundo, volvió solo. Nunca estamos más cerca de Jesús que cuando nos acercamos con un corazón humilde y agradecido. Cuando los diez leprosos vieron a Jesús "se pararon de lejos" (v. 12); los leprosos eran ritualmente impuros, por lo cual no se les permitía acercarse a aquellos que estaban "limpios". El leproso que después de recibir sanidad "se postró rostro en tierra a sus pies, dándole gracias" (v. 16) fue el único de los diez que se acercó a Jesús. La gratitud nos acerca a Cristo, donde experimentamos la plenitud de su poder redentor y disfrutamos la bendición de su presencia.

Tercero, venía de lejos. "Este era samaritano" (v. 16). A diferencia de algunas de nosotras que siempre fuimos, al menos de alguna manera, conscientes de la presencia y el poder de Dios, este hombre nunca había conocido al verdadero Dios hasta que Jesús intervino y transformó su vida. Después de estar lejos de Jesús debido a una brecha religiosa, cultural y física, a él le encantó lo que vio en Jesús: tan cerca y personal. ¿Te encanta a ti lo que ves en Jesús? La gratitud te ayudará a cerrar la brecha y acercarte a Jesús.

Piensa en este día, no solo en las cosas que tienes para agradecer, sino en las bendiciones que podrías recibir si hicieras un alto y le expresaras tu gratitud a Dios y a los demás.

GRATITUD EN ACCIÓN

Busca hoy una oportunidad de dar gracias al Señor por lo que Él ha hecho en tu vida, a gran voz y en presencia de otros. Y no hagas tus oraciones en voz baja: ¡alza la voz! Puede que te sientas un poco incómoda si no estás acostumbrada a alabarle de esta manera. Pero piensa en cómo te expresas cuando estás entusiasmada o apasionada por algo en otro ámbito de tu vida; como, por ejemplo, al intercambiar el anillo de compromiso con tu pareja, al recibir una promoción en el trabajo o al asistir al partido de fútbol de tu hijo.

No se trata aquí de "suscitar" una alabanza bulliciosa; no tenemos que hablar en voz alta para que Dios nos escuche. ¡Pero es lógico que una verdadera consciencia de nuestra condición desesperada e indefensa apartada de Dios, además de su gracia transformadora y liberadora en nuestra vida, dé lugar a algo más que un agradecimiento entre dientes!

DÍA 8: *La gratitud y la humildad*

LECTURA BÍBLICA: *Santiago 4:6-10*

Los miembros de la tribu de los masái, en África occidental, entienden que la gratitud y la humildad van de la mano. Cuando ellos quieren decir "gracias", se postran con la frente en tierra y dicen literalmente: "Mi cabeza está en la tierra".

Otra tribu africana expresa su gratitud de una manera similar al decir: "Me siento en el suelo ante ti". Cuando alguien quiere expresar su gratitud, va y se sienta en silencio por un lapso de tiempo frente a la choza de la persona a la cual le está agradecida.

Una de las cualidades fundamentales que siempre se encuentran en una persona agradecida es la *humildad*. La gratitud es la manifestación de un corazón humilde, tan cierto como un espíritu desagradecido y quejicoso procede de un corazón orgulloso.

Las personas orgullosas piensan mayormente en sí mismas y poco en los demás. Si las personas o circunstancias no les agradan o satisfacen, tienden a quejarse o resentirse. La lectura de hoy nos recuerda que "Dios resiste a los soberbios". La idea aquí es que Él estira sus brazos rígidamente para mantenerlos a distancia y se coloca en posición de lucha contra ellos.

Pero cuando decidimos "[humillarnos] delante del Señor", como se nos exhorta en Santiago 4, Dios se acerca a nosotras y derrama su gracia en nuestra vida, su Espíritu hace una obra de limpieza y purificación en nuestro corazón, nos da victoria sobre el bullicioso y exigente tirano de nuestro yo y nos permite ser personas agradecidas, aun en medio de circunstancias llenas de retos.

Las personas humildes se entregan totalmente a Cristo. Una persona humilde piensa mucho en Dios y en los demás, y poco, o nada, en sí misma. Este individuo reconoce que todo lo que tiene es más de lo que se merece. No siente que nadie le debe nada. No siente que tiene derecho a tener más, que la vida sea más fácil o que todos lo amen y lo traten bien. Está agradecido hasta por el más pequeño acto de bondad que recibe, pues sabe que es más de lo que se merece.

GRATITUD EN ACCIÓN

1. Haz una lista de todo aquello por lo que has estado "quejándote" últimamente. Incluye cosas como personas provocadoras, circunstancias insoportables, querer algo que no pudiste conseguir (por ejemplo, una siesta interrumpida) o tener algo que no esperabas (por ejemplo, un resfriado). ¿De qué manera tu queja manifiesta un espíritu de orgullo, merecimiento y falsa expectativa?

2. Siéntate en silencio hoy delante del Señor por un tiempo y pronuncia estas palabras: "Me siento en el suelo ante ti". Incluso al entrar en la presencia del Señor podrías postrarte con tu frente en tierra, como una expresión de tu deseo de humillarte delante de Él. Confiesa todo orgullo que se haya manifestado en quejas, irritabilidad, enojo o resentimiento, en lugar de dar gracias. Humildemente, dile que no te mereces ninguno de sus favores y dale gracias por cualquier bendición reciente que Él te traiga a la mente; ¡incluso aquellas situaciones de las que te has quejado! (Si alguna circunstancia tiene que ver con algo dañino o maligno, pídele a Él que la use en tu vida para ayudarte a ser más semejante a Jesús).

DÍA 9: *La gratitud y la generosidad*

LECTURA BÍBLICA: *2 Corintios 9:6-15*

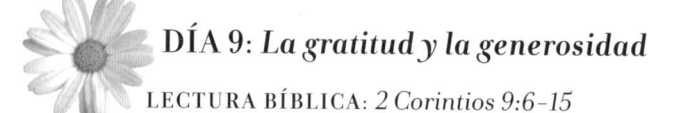

Donde crece la gratitud, generalmente también florece la generosidad. Sin embargo, la generosidad es la cualidad más antinatural que existe, sin duda alguna. Hoy nos encontramos en una época tan arriesgada, volátil y peligrosa como cualquier otra que se recuerde, en la que la sabiduría convencional afirma que no es momento para desprendernos de nuestro dinero y otros recursos. Los comentaristas financieros nos dicen lo que ya hemos estado pensando: "Guarda todo lo que puedas, porque mañana puede producirse un caos total".

Sin embargo, sorprendentemente, Pablo no manifestó ninguna preocupación por los indicadores económicos cuando les aconsejó a los cristianos de la iglesia de Corinto que la generosidad estuviera entre las expresiones más notables de su gratitud. Su confianza en la provisión de Dios era tan fuerte que consideraba una "obviedad" el hecho de que la iglesia "[esté enriquecida] en todo para toda liberalidad, la cual produce por medio de nosotros acción de gracias a Dios" (v. 11). Y que "poderoso es Dios para hacer que abunde en vosotros toda gracia, a fin de que, teniendo siempre en todas las cosas todo lo suficiente, abundéis para toda buena obra" (v. 8). En todas las cosas. En todo tiempo. Incluso en estos tiempos.

Las personas agradecidas son generosas. Aquellos que "de gracia [reciben]" están incentivados a "[dar] de gracia" (Mt. 10:8).

GRATITUD EN ACCIÓN

1. ¿Por qué la gratitud y la generosidad van de la mano? ¿Podemos verdaderamente caracterizarnos por una de estas cualidades sin practicar la otra?

2. ¿Qué actos de generosidad te está motivando a hacer hoy la gratitud en tu vida? Pídele a Dios sabiduría y fe, y luego sigue la guía del Espíritu Santo en cuanto a tu manera de dar.

DÍA 10: *Las bendiciones invisibles*
LECTURA BÍBLICA: *1 Corintios 2:6-11*

El ministro escocés, Alexander Whyte, fue conocido por las oraciones inspiradoras que hacía desde el púlpito. Siempre encontraba algo por lo cual agradecer. Pero un domingo por la mañana, el clima estaba tan frío y sombrío que los miembros de la iglesia comentaron entre ellos: "Seguramente el predicador no tendrá nada para agradecerle al Señor en un día tan miserable como el de hoy". Sin embargo, para su gran sorpresa, aquella mañana fría y sombría, Whyte se paró en el púlpito y comenzó a orar: "Te agradecemos, Señor, porque no todos los días son así".[3]

Hay bendiciones en tu vida y en la mía que son "cosas que ojo no vio, ni oído oyó" (v. 9); son bendiciones de cosas que no nos suceden. En este día, intenta hacer una lista de varias de estas cosas por las cuales dar gracias.

Por ejemplo, piensa en los kilómetros que has conducido sin que se te pinche una rueda. Piensa en ese árbol grande del que nunca se ha caído una rama demoledora sobre tu casa. Piensa en un pecado o hábito destructivo del cual el Señor te ha librado de caer en tentación. Tal vez tengas un problema médico o dos, pero piensa en otros doce que nunca has experimentado.

Fíjate en todos los beneficios de tu creciente lista de gratitud; al repasarlos verás que tus bendiciones se multiplican a un ritmo asombroso.

GRATITUD EN ACCIÓN
La gratitud puede (y debe) llevarnos a la intercesión. Una buena manera de comenzar una oración es pedirle a Dios que te traiga a la memoria a los que sufren de algunas de las cosas de las que Él te ha librado. Ora por esas personas hoy.

DÍA 11: *La dádiva más grande de todas*

LECTURA BÍBLICA: *Romanos 5:1-11*

Si eres cristiana, lo mejor de tu vida es ser salvada de una destrucción segura por tus pecados y entrar a formar parte de la familia de Dios, desde ahora y por toda la eternidad. Haz un alto y reflexiona en esta realidad por un rato.

Lamentablemente, el tiempo tiende a mitigar nuestro agradecimiento por la grandiosa obra sacrificial de Cristo por nosotras. La vida se vuelve tan ajetreada y complicada que podemos pasar semanas —o más— sin reparar en la magnitud de nuestra salvación.

Una de mis amigas parafrasea el conocido versículo de Romanos 5:8 de este modo: "Dios demostró su amor por nosotros de esta manera: aunque estábamos en una manifiesta y hostil rebeldía hacia Él, sin ningún interés en Él —y no solo eso, sino que aborrecíamos activamente a Dios y todo lo que Él representa— Cristo murió por nosotros". ¿Cómo puede ser que no estemos inefablemente agradecidas? Pero, alabado sea Dios, la gratitud puede volver a despertar la admiración en nosotras y descorrer las oscuras cortinas de la complacencia hasta que penetre la luz de la gracia y la gloria de Dios en toda su plenitud.

GRATITUD EN ACCIÓN

La salvación que tenemos en Cristo es "algo de mucho esplendor", un diamante con un sinnúmero de facetas brillantes. ¿Qué bendiciones espirituales de la lectura bíblica de hoy necesitas agregar a tu lista de "dádivas de Dios"?

- DONES
- TALENTOS

DÍA 12: *La gratitud que puedes sentir*
LECTURA BÍBLICA: *3 Juan 1-4*

Numerosos estudios seculares y proyectos de investigación confirman que una actitud de agradecimiento tiene beneficios para la salud. Un proyecto de investigación sobre la gratitud y la acción de gracias llevado a cabo por dos psicólogos dividió varios cientos de personas en tres grupos y requirió que cada persona llevara un diario personal todos los días. El primer grupo debía registrar simplemente los hechos que ocurrían a lo largo del día. El segundo grupo debía registrar las experiencias negativas. Las personas del último grupo debían hacer una lista de las cosas por las que estaban agradecidas cada día. El grupo de la gratitud manifestó mayores niveles de lucidez y energía, hizo ejercicio con más frecuencia y experimentó menos depresión y estrés.[4] Sencillamente, la gratitud parece producir desde dormir mejor hasta menos síntomas médicos.

El apóstol Juan le dice a Gayo, su amado hermano en Cristo: "Amado, yo deseo que tú seas prosperado en todas las cosas, y que tengas salud, así como prospera tu alma" (v. 2). Juan tiene razón, hay algo físicamente fortalecedor y sustentador cuando tenemos gozo en el Señor y somos agradecidas por sus bendiciones. Aunque vivir una vida piadosa no nos garantiza salud física, un corazón (espiritual) saludable puede hacer mucho para mejorar nuestro bienestar físico y emocional. ¿Cuáles crees que son algunas de las razones de que esto sea así?

GRATITUD EN ACCIÓN
Ya hace más de diez días que estamos transitando por este camino de la gratitud. ¿Qué diferencias has notado en tu bienestar y perspectiva general? Agrega estos "beneficios" a tu diario.

DÍA 13: *La gratitud que comienza de cero*

LECTURA BÍBLICA: *Salmo 43:1-5*

Los Salmos son un buen lugar donde acampar si el deseo de tu corazón es ser agradecida, pero no es porque estén llenos de sentimientos de optimismo y felicidad. A muchos que comienzan a leer los Salmos les sorprende encontrar que vibran con cada una de las emociones humanas. Hablan de presiones extenuantes, profundos valles de depresión, tiempos cuando parece que casi no vale la pena vivir. Sin embargo, como leemos en la lectura de hoy, los Salmos revelan que la única respuesta final a los problemas, la tristeza, el dolor y la pérdida es un estado continuo de adoración y agradecimiento a Dios. Cada una de las demás soluciones a medias demuestra ser vana y transitoria, incapaz de infundir verdadera esperanza en medio de las situaciones insoportables de la vida.

"¿Por qué te abates, oh alma mía, y por qué te turbas dentro de mí? Espera en Dios; porque aún he de alabarle, Salvación mía y Dios mío" (Sal. 43:5). "Mi carne y mi corazón desfallecen; mas la roca de mi corazón y mi porción es Dios para siempre" (73:26). "Porque un momento será su ira, pero su favor dura toda la vida. Por la noche durará el lloro, y a la mañana vendrá la alegría" (30:5).

Puede que tu corazón esté clamando: "¡Oh, Dios, que llegue la mañana!". Sigue esperando en Él hasta que finalmente amanezca. Aun en la noche más oscura, puedes experimentar la paz y el descanso de Dios, al saber que a la mañana llegará el gozo. No permitas que tu nivel de gozo esté determinado por la presencia o ausencia de tormentas, sino por la presencia de Dios. Decide hoy gozarte en Él.

GRATITUD EN ACCIÓN

Escoge varios salmos —aunque sea al azar— para leer hoy durante el día (en voz alta si es posible). Y fíjate si no hacen que brote alabanza y agradecimiento de tu corazón.

DÍA 14: *La gratitud de un fugitivo*

LECTURA BÍBLICA: *Salmo 56*

El Salmo 56 es un himno de alabanza y confianza, de certidumbre y fortaleza, de adoración y gratitud. Si tu Biblia incluye inscripciones al comienzo del salmo seleccionado, notarás que este salmo fue escrito en circunstancias mucho menos que ideales.

David estaba huyendo del rey Saúl y, cuando los filisteos de la ciudad de Gat lo encontraron y lo prendieron, él fingió estar loco para evitar que lo arrestaran. Este era definitivamente un hombre desesperado en una situación desesperante.

Sin embargo, en medio de dificultades intensas y aterradoras, se sometió a la protección del Señor y encontró en esta relación la capacidad de decir: "En el día que temo, yo en ti confío... ¿Qué puede hacerme el hombre?" (vv. 3-4). David no negaba la realidad de lo que le estaba sucediendo, sino que buscaba razones para ser agradecido aun en medio de sus aflicciones, pues sabía que el Señor estaba juntando cada una de sus lágrimas en una vasija (v. 8).

El resultado final de esta experiencia para David fue: "Sobre mí, oh Dios, están tus votos; te tributaré alabanzas. Porque has librado mi alma de la muerte, y mis pies de caída, para que ande delante de Dios en la luz de los que viven" (vv. 12-13).

Tal vez sea difícil para ti encontrar mucho por lo cual estar agradecida hoy. Tal vez todo lo que puedas ver es lo que está mal, lo que duele y lo que otros te están haciendo. Pero mira por encima de tus circunstancias, más allá de tus temores, y pídele a Dios que te muestre lo que Él está haciendo en medio de ellas.

GRATITUD EN ACCIÓN

Vuelve a repasar tu lista de bendiciones y beneficios, y agrega cualquier cosa que te venga a la mente. Piensa en aquellas cosas que te dan más consuelo en la crisis.

DÍA 15: *Sacrificio de acción de gracias*

LECTURA BÍBLICA: *Salmo 50:14-15, 23*

Como vimos en el capítulo 8 —y como sabes por tu propia experiencia— dar gracias a veces requiere sacrificio. En la vida, hay muchísimas ocasiones en las que ser agradecidas es lo último que tenemos ganas de hacer y nada parece bueno o digno de gratitud.

Las últimas lecturas nos han estado preparando para esto y, aunque es difícil de lograr, oro para que puedas abrirle tu corazón al Señor y poner la gratitud por obra. Hoy quiero pedirte que hagas una lista de todas las dificultades de tu vida. Especifica cada una de manera detallada.

Después, cuando termines, quiero que las clasifiques, pero no como cargas e imposibilidades. Antes bien, trata de usar esta lista como una inspiración para dar gracias.

Esta tarea puede parecer extraña ¡o imposible! Pero no se espera que demos gracias a Dios "*por*" las cosas malas, sino "*en* todo", pues sabemos que Dios sigue siendo Dios y que Él usa todas las cosas en este mundo caído para cumplir sus propósitos, uno de los cuales es la santificación de sus hijos.

Sí, dar gracias con la lista que tienes delante de ti será un sacrificio. Probablemente no tengas ganas de hacer este sacrificio, pero le agradará al Señor. Y lo que es más, la promesa de Dios para aquellos que practican la gratitud es que Él les "[mostrará] la salvación de Dios" (v. 23). Cuando la gratitud llega a ser la actitud y el estilo de vida que adoptes —aun en medio de las presiones y los problemas—, verás que Dios te mostrará su salvación de una forma nueva y maravillosa.

Comienza a observar la manera en que Dios está usando esas circunstancias en tu vida. Tal vez estén provocando que dependas más de Él, o que acudas a Él en oración, o que ejerzas fe en sus promesas.

Cuando invocamos el nombre del Señor "en el día de la angustia" (v. 15), con el propósito de glorificar su nombre, Él hace cosas maravillosas en medio de nuestro sufrimiento y aflicción. Dale gracias a Dios por fe, porque Él puede usar cada una de esas circunstancias como medios para reflejar su gloria.

GRATITUD EN ACCIÓN

Ora por cualquier situación dolorosa y relación rota de tu lista. Pídele a Dios la gracia y la sabiduría que necesitas para cada una de tus dificultades. Después, en vez de quejarte por ellas, pídele a Dios que te muestre cómo convertirlas en alabanzas. Abre tu corazón para recibirlas como oportunidades para que la gracia de Dios se refleje a través de ellas.

DÍA 16: *Cantar y dar gracias*
LECTURA BÍBLICA: *Salmo 30*

Mi madre era una cantante excepcionalmente dotada con una sólida formación musical. Yo, por otro lado, al parecer heredé en este aspecto los genes de mi padre. Todos coincidían en que él no cantaba bien. Pero usaba la voz que tenía para cantar alabanzas en voz alta. No era tímido ni vergonzoso cuando cantaba, ¡y no le preocupaba lo que otros pensaran! Estoy agradecida por su ejemplo que he tratado de imitar.

A diferencia de la mayoría de religiones, el cristianismo es una fe de "cánticos". El verbo "cantar" aparece más de cien veces en la Biblia; más de sesenta solo en los Salmos. El libro de los Salmos se ha denominado acertadamente el "himnario de Israel en la antigüedad". Los salmistas a veces entonaban cánticos de lamento y melancolía, pero muy a menudo eran de alabanza y agradecimiento a Dios. Los versículos 4 y 12 de la lectura bíblica de hoy establecen una relación entre la acción de cantar y la de dar gracias.

A menudo me he preguntado por qué las Escrituras hacen tanto énfasis en alabar al Señor con cántico, y por qué se exhorta a los creyentes a cantar al Señor, sin tener en cuenta su habilidad natural. En la Biblia, hay varios ejemplos del efecto poderoso de la alabanza a través de la música. (¡Para empezar, lee 2 Crónicas 20:21-23, donde Dios les dio una gran victoria a los israelitas después de un servicio de alabanza frente a las tropas que marchaban a la batalla!).

No hay duda de que el diablo aborrece la alabanza a Dios. Tenemos algunas razones para creer que en una época, antes que el orgullo le hiciera perder su posición, pudo haber sido uno de los "líderes de alabanza" del cielo y que por ello siente una particular repulsión y rechazo cuando el pueblo alaba a Dios con cánticos e instrumentos musicales.

Cuando hablo con una mujer que está luchando contra el decaimiento y la depresión crónicos, a menudo le hago dos preguntas: (1) ¿Estás memorizando las Escrituras? y (2) ¿Estás cantando al Señor? No estoy sugiriendo que estas sean "píldoras" mágicas que harán desaparecer cada una de las dificultades emocionales, sino que personalmente he descubierto que estos dos medios de la gracia son extremadamente eficaces para reafirmar mi corazón y restaurar mi paz interior.

A menudo he experimentado manantiales frescos de la gracia de Dios al ejercer fe en cánticos de alabanza y acción de gracias a Él. En ocasiones, cuando estoy profundamente angustiada o desanimada, abro mi himnario y simplemente comienzo a cantar. Cánticos como "Salvo en los brazos de mi Salvador" o "¡Oh, cuán dulce es confiar en Cristo!" (¡todas las estrofas!). A veces lloro tanto que apenas puedo pronunciar las palabras. Pero al cantar al Señor, mi corazón y mi mente se vuelven a aferrar a su bondad y su amor, y la nube siempre comienza a retirarse. De hecho, canto *hasta* que la nube se retira.

GRATITUD EN ACCIÓN

Como nos exhorta la lectura bíblica de hoy "*Canten al Señor... ¡Señor mi Dios, siempre te daré gracias!*" (vv. 4 y 12, NVI). Ya sea un día nublado o soleado en tu corazón, ¡canta! Ahora mismo, si puedes. Pon la música y canta junto a otros, o sencillamente canta sola, ¡al Señor le encantará tu "voz de júbilo"!

Canta alabanzas que conozcas, o abre un himnario y canta algunos de esos famosos himnos de Charles Wesley, Isaac Watts, Fanny Crosby o Frances Havergal, que ya no cantamos tan a menudo. Hace poco una amiga me contó que se ha puesto a *memorizar* los himnos, para poder cantarlos mientras hace la limpieza de la casa o cumple con otras responsabilidades. ¡Gran sugerencia!

DÍA 17: *Felicidad es...*

LECTURA BÍBLICA: *Proverbios 3:13-18*

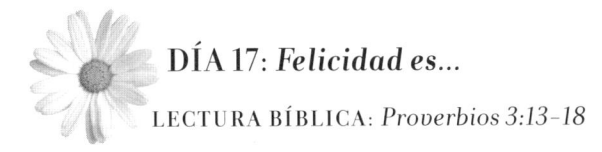

Hemos pasado algunos días en los Salmos, para crecer más en gratitud al ver que el pueblo de Dios de la antigüedad escogía la acción de gracias en lugar de la amargura.

Escoger agradecer es una decisión arraigada en la sabiduría divina, un tema destacado en el libro de Proverbios. He escuchado la sabiduría descrita como "la destreza para vivir la vida diaria". Y adiestrar nuestro corazón, para que sea agradecido por las bendiciones de Dios que experimentamos, está vinculado a nuestra búsqueda de la sabiduría divina en cada ámbito de nuestra vida.

Cuando el escritor de Proverbios describe los beneficios de la sabiduría, también está anunciando los beneficios de cada uno de los demás hábitos y disciplinas inspirados por las Escrituras. Y dado que la práctica del agradecimiento es una característica básica del pueblo de Dios, creo que estos pasajes que nos exhortan a vivir sabia y piadosamente pueden aplicarse acertadamente también al asunto de ser agradecidas.

Por eso me gusta tanto lo que implica la lectura de hoy. Comienza y termina con una palabra, "bienaventurado", que describe la clase de persona que Dios quiere que seamos y nos concede ser. Algunas versiones de la Biblia usan una palabra diferente que nos ayuda a entender mejor lo que Dios nos ofrece, lo que Él le promete a aquellos que escogen la sabiduría y la gratitud, y deciden aceptar y creer que sus caminos son deseables por encima de todos los demás. La palabra es "feliz".

Para la mayoría de las personas, la *felicidad* está vinculada a las circunstancias; a lo que *sucede* en sus vidas. Sin embargo, para los cristianos, la felicidad o la bienaventuranza no dependen del clima, de la bolsa de valores o de cómo les quedó el corte de cabello. La verdadera felicidad —esa sensación inquebrantable de paz, satisfacción y bienestar— viene cuando recordamos las bendiciones que tenemos en Cristo y respondemos con gratitud.

Yo quiero esta clase de felicidad, ¿y tú? Y, al parecer, Dios también quiere esta clase de felicidad para nosotras. Él quiere que experimentemos la profunda felicidad interior que abunda en aquellos que están completamente satisfechos con Cristo.

De modo que, al buscar al Señor con un corazón agradecido, no nos sorprendamos de ver que sonreímos un poco más que de costumbre, nos contentamos más fácilmente y estamos más felices con Dios y con lo que Él está haciendo en nuestra vida.

GRATITUD EN ACCIÓN

Hemos hablado de expresar nuestra acción de gracias en "voz alta" y ser expresivas acerca de lo que Dios está haciendo. Asegúrate de que tu semblante exprese también un corazón gozoso y agradecido.

DÍA 18: *El alto costo de la murmuración*

LECTURA BÍBLICA: *1 Corintios 10:1-13*

En la lectura bíblica de hoy, Pablo reflexiona sobre los israelitas en el desierto e identifica cuatro pecados específicos que cometieron, todos los cuales tuvieron consecuencias graves. ¿Cuáles son esos cuatro pecados?

- v. 7
- v. 8
- v. 9
- v. 10

Todos estos pecados resultaron en un final trágico. Podemos entender que Dios castigue la idolatría y la inmoralidad sexual. ¡Pero es aleccionador saber que incluya el pecado de la "murmuración" (tu versión de la Biblia podría decir "queja") con estos otros pecados y los considera muy serios!

El pecado mencionado en 1 Corintios 10:10 tiene relación con los incidentes registrados en Números 11:1; 14:1-28; 16:11-35. Dedica un momento a leer rápidamente estos pasajes y así tener algo más de contexto.

Cada vez que leo estos relatos del Antiguo Testamento me convenzo de que mi murmuración y mi queja desagradan al Señor (¡y es misericordioso en no juzgarme como hizo con los israelitas!).

La murmuración es lo opuesto al agradecimiento. Igual que la gratitud, comienza en el corazón y se manifiesta por medio de nuestras palabras. Surge del pecado de la falta de contentamiento, de no estar satisfechas con lo que Dios nos ha dado.

Filipenses 2:14-15 dice que debemos "[hacer] *todo* sin murmuraciones", y que cuando obedecemos esto, nuestra vida hace brillar la luz de Cristo en nuestro mundo de tinieblas.

¿Eres culpable del pecado de la murmuración? Si es así, confiésalo al Señor; pídele que te perdone y que te conceda verdadero arrepentimiento. Proponte en tu corazón "despojarte" de toda queja y "vestirte" de un corazón agradecido.

GRATITUD EN ACCIÓN

Pídele a Dios que te permita ser más perceptiva y estar alerta, durante las próximas veinticuatro horas, a las situaciones en las que tu respuesta natural sería murmurar o quejarte. Pídele que te conceda la capacidad de *dar gracias* cada vez que seas tentada a quejarte. (¡Si tienes el hábito de quejarte, probablemente no desaparezca en un día! Este es un ejercicio que necesitarás hacer intencionadamente día tras día, hasta que tu "respuesta natural" haya pasado de la queja a la gratitud).

DÍA 19: *Las personas sí importan*

LECTURA BÍBLICA: *Romanos 1:8; 1 Corintios 1:4; Efesios 1:15-16; Filipenses 1:3-4; Colosenses 1:3-4; 1 Tesalonicenses 1:2-3; 2 Tesalonicenses 1:3*

El apóstol Pablo era un hombre agradecido. Eso se debe a que nunca se olvidó de dónde Dios lo había sacado. Nunca se olvidó cuánto había pecado contra la santidad y la ley de Dios, y la iglesia de Jesucristo. Y nunca llegó a entender el milagro de la asombrosa gracia de Dios que lo había alcanzado siendo indigno como era. Su vida es una buena ilustración del principio que hemos visto: "culpa + gracia → gratitud".

Cuando lees las cartas de Pablo en el Nuevo Testamento, escritas a varios creyentes e iglesias, no puedes dejar de notar el gran número de expresiones de gratitud por las bendiciones espirituales que se prodigan sobre aquellos que están en Cristo: la gracia de Dios, la obra redentora de Cristo, el perdón de pecados, el don del Espíritu, el privilegio del ministerio: la lista es extensa.

Si dedicas un momento a leer los versículos que aparecen al comienzo, tampoco dejarás de notar que Pablo era agradecido *por los demás*; especialmente por los hermanos y hermanas en Cristo, compañeros en el servicio y en el ministerio. En su correspondencia (y era un gran escritor de cartas), Pablo no expresaba una gratitud generalizada; a menudo se tomaba tiempo para identificar específicamente qué le agradecía a cada individuo y le hacía saber a cada uno cuánto agradecía su contribución a su vida y ministerio.

La más extensa de estas listas se encuentra en Romanos 16:1-16. De hecho, busca ahora el pasaje y léelo atentamente (¡probablemente hace tiempo que no meditas en este pasaje!). Al leerlo, subraya en tu Biblia, o haz una lista en tu diario, de las palabras o frases que describen lo que Pablo les agradecía a estos creyentes de Roma.

La mayoría de los nombres de esta lista —muchos de ellos difíciles de pronunciar— representan a personas de las que conocemos poco o nada. Desde una perspectiva humana, ninguno de ellos alcanzaba la "posición" o la "importancia" que Pablo tenía como apóstol. ¿Por qué Pablo creyó necesario, inspirado por el Espíritu Santo, dedicar un tiempo y un espacio valiosos a escribir este extenso pasaje? Yo creo que una de las razones es que él consideraba a personas como provisiones de la gracia de Dios. Y, además, sabía que nadie es autosuficiente; nos necesitamos unos a otros, pues nuestras vidas se enriquecen y alcanzan más bendición cuando estamos cerca de otros creyentes del mismo sentir.

A Dios sí le importan las personas. Y deben importarnos a nosotras también. Es importante dedicar tiempo a reconocer y expresar gratitud por la contribución que las personas, incluso las menos conocidas, hacen a su reino y a nuestra vida.

Inspirada por el ejemplo del apóstol Pablo y otros, a través de los años he tratado de tener por norma hacer un alto y un balance periódico de mis "cuentas de gratitud", para asegurarme de que estén "al día" y encontrar una manera significativa de expresarles gratitud a las personas por lo que han contribuido a mi vida. Estoy segura de que estas expresiones son de aliento para los destinatarios, pero también me proporcionan un antídoto para el orgullo, la independencia, el aislamiento y la autosuficiencia, muy necesario en mi propia vida.

GRATITUD EN ACCIÓN

1. Haz una lista en tu diario personal de las personas que han bendecido o conmovido tu vida de alguna manera. Para ayudarte a comenzar… ¿Qué piensas de: la persona que te habló

de Jesús, tus padres, otros miembros de la familia, pastores, maestros, entrenadores, amigos, compañeros de trabajo, vecinos, escritores, líderes de ministerios cristianos? Estas son solo algunas ideas.

Al escribir cada nombre, pregúntate: "¿Le he dado las gracias alguna vez a esta persona por la manera en que Dios la ha usado en mi vida?". Haz una marca junto al nombre de cada persona a la que le hayas expresado gratitud.

2. Comienza el proceso de ponerte al día con tus "cuentas de gratitud". No trates de abordar toda la lista de una vez. Escoge una con la que empezar. Durante las próximas veinticuatro horas escribe una carta, haz una llamada telefónica, envía un mensaje por correo electrónico; encuentra la manera de expresar tu gratitud por la influencia y la incidencia de esta persona en tu vida. Después pasa a la siguiente… y a la siguiente… hasta que le hayas expresado gratitud a cada persona de tu lista. ¡Para ese entonces, indudablemente habrá personas nuevas para agregar a la lista! Y siempre podrás comenzar una y otra vez con la misma lista.

DÍA 20: *Gratitud en casa*

LECTURA BÍBLICA: *1 Timoteo 5:8; 2 Timoteo 1:3-5; 3:14-15*

Parece que muchas veces es más fácil expresar gratitud por y a personas que apenas conocemos, que por y a los miembros de nuestra propia familia. Tal vez sea porque conocemos muy bien a nuestros familiares (¡y ellos nos conocen a nosotras!). O tal vez sea porque realmente estamos agradecidas por ellos, pero hemos llegado a darlos por sentado.

El carácter cristiano en cada aspecto de nuestra vida aparecerá dentro de las cuatro paredes de nuestra casa. No podemos decir que amamos a Dios si no les manifestamos su amor a nuestros familiares o si albergamos amargura en nuestro corazón hacia ellos.

En su mayor parte, no elegimos a nuestros familiares como lo hacemos con nuestros "amigos". Sin embargo, se nos exhorta a amar y cuidar de los miembros de nuestra familia, a pesar de su personalidad, idiosincrasia o defectos. ¡Y esto no siempre es fácil!

Timoteo tenía una madre y una abuela cristianas (no era difícil ser agradecido por ellas). No sabemos mucho acerca del padre de Timoteo, pero muchos eruditos bíblicos creen que probablemente no era creyente. Puede que haya apoyado o no la fe de su esposa e hijo. Pero no fue casualidad que Timoteo se criara en aquella familia. Aunque es probable que no fuera la situación de un hogar "ideal" (¡¿pero qué situación en un hogar es ideal?!), aun así tenía mucho en su familia por lo que estar agradecido.

Sin importar tu herencia familiar, es importante que sepas que tus familiares no son el resultado de una "probabilidad genética", sino que has sido colocada en la familia que Dios ha escogido para ti en su soberanía, y que Él quiere usar tu familia —con sus defectos y todo— como un medio para santificarte y conformarte a la semejanza de su Hijo.

Aceptar este hecho te ayudará a cultivar un corazón agradecido por los miembros de tu familia.

GRATITUD EN ACCIÓN

1. Céntrate hoy en expresar gratitud por y a los miembros de tu familia. En tu diario personal, haz una lista de cada miembro de tu familia cercana (esposo, padres, hijos, hermanos, etc.). Luego, junto a cada nombre escribe una cualidad de su vida por la que estás particularmente agradecida.

2. Dedica tiempo a expresar tu gratitud a Dios por cada miembro de la familia que Él te ha dado. Después, escoge uno o dos individuos de tu lista y exprésales tu gratitud hoy, en persona, por teléfono o con una carta o un mensaje por correo electrónico. Podrías comenzar con algo como lo siguiente:

Hoy le doy gracias a Dios por ti. Y quiero decirte lo agradecida que estoy de que formes parte de mi familia, y especialmente por esta cualidad particular que veo en tu vida...

(Nota: Quizá quieras expresarle gratitud a un familiar que haya sido especialmente difícil de amar).

DÍA 21: *La familia sí importa*

LECTURA BÍBLICA: *Proverbios 21:2-9*

Si has leído el pasaje de la lectura bíblica de hoy, es probable que puedas adivinar el versículo que quiero resaltar: "Mejor es vivir en un rincón del terrado que con mujer rencillosa en casa espaciosa" (v. 9). Y, sí, hablo en serio acerca de los peligros que presenta la lengua contenciosa, discutidora y descontenta.

No obstante, mientras consideramos esto como una advertencia, vamos a ver su lado positivo. Si una de las bendiciones de la gratitud es que, por lo general, nos hace personas más felices, entonces se entiende que la gratitud hace que los que conviven con nosotras sean también más felices.

Espero que la primera mitad de cada uno de estos proverbios te resulte tan deseable como la segunda mitad es detestable: "La mujer sabia edifica su casa; mas la necia con sus manos la derriba" (Pr. 14:1). "La lengua apacible es árbol de vida; mas la perversidad de ella es quebrantamiento de espíritu" (15:4). "La mujer virtuosa es corona de su marido; mas la mala, como carcoma en sus huesos" (12:4).

El poder restaurador de un corazón y lengua agradecidos es más potente de lo que podemos imaginar, como lo es el potencial destructivo de una persona amargada con la que es difícil convivir: "Panal de miel son los dichos suaves; suavidad al alma y medicina para los huesos" (Pr. 16:24). Asegurémonos de que nuestras palabras tengan esta clase de efecto.

GRATITUD EN ACCIÓN

Pídele a Dios que guarde tu corazón y tu lengua hoy. Cada vez que dices palabras de contienda, queja o crítica, en vez de palabras de misericordia, bondad y piedad… detente. Pídele perdón. Y pídeles perdón a quienes —o en cuya presencia— hablaste.

DÍA 22: *Contentas con lo que tenemos*

LECTURA BÍBLICA: *Proverbios 30:7-9*

La gratitud y el contentamiento no son lo mismo, pero son primos cercanos que trabajan muy bien juntos en nuestro corazón. Este pasaje de Proverbios los une de una manera poderosa.

Puede que hayas escuchado que muchos predicadores y maestros enseñan que Dios quiere que el cristiano sea materialmente rico. Sin embargo, otros dicen totalmente lo contrario y llevan puesta la pobreza orgullosamente como una capa de santidad farisaica. El proverbio de hoy nos ofrece una perspectiva adecuada para todo este asunto.

La Palabra nos enseña a centrarnos menos en nuestro nivel socioeconómico y más en ser agradecidas con lo que tenemos; no solo porque lo contrario es pecaminoso y presumido, sino porque además no sabemos de qué podría estar salvándonos el Señor al no darnos todo lo que queremos. Aunque tengamos mucho menos que los demás, si nuestro corazón está lleno de agradecimiento, ningún dinero o falta de este podrá estorbar nuestra dependencia de Dios y nuestro contentamiento en Él.

GRATITUD EN ACCIÓN

El dinero no lo es todo, pero nuestro deseo de este y de las cosas que puede comprar, naturalmente apaga el dinamismo de nuestra gratitud. Pídele al Señor que te muestre si hay alguna raíz de falta de contentamiento o de "amor al dinero" en tu corazón. Pídele que te dé tan solo lo que Él sabe que necesitas; lo suficiente para guardarte de la tentación del pecado de robar para conseguir lo que necesitas, y no tanto que te lleve a dejar de depender de Él como el Proveedor. Dedica un momento a darle gracias por su provisión práctica y material en tu vida hoy.

DÍA 23: *La gratitud siempre es suficiente*
LECTURA BÍBLICA: *1 Timoteo 6:6-10*

Andrew Carnegie, el industrial acaudalado cuya fortuna era mayor que la de cualquier otro contemporáneo de la época de su muerte en 1919, dejó un millón de dólares a uno de sus parientes, que a cambio se llenó de enojo y resentimiento hacia su generoso benefactor por haber dejado también 365 millones de dólares a instituciones benéficas.

A primera vista, nos cuesta creerlo. ¿Cómo puede una persona tener un millón de razones para estar agradecida y, no obstante, considerarlas *cientos* de millones de veces insuficientes? ¿Pero acaso no tenemos todos un sentido de merecimiento para con Dios? ¿Cuántas veces nuestras expectativas o reclamos de "más" se elevan por encima de la abundancia que ya tenemos?

Eso se debe a que nos olvidamos de que Dios no nos debe nada. *Nosotras* somos las deudoras. Nosotras somos las que debemos. Nosotras pensamos que nos merecemos más (o algo diferente o mejor) de lo que tenemos y, por consiguiente, nos olvidamos o minimizamos las bendiciones que Dios ya nos ha dado y nos sigue dando. No nos contentamos con el alimento, la ropa y un techo sobre nuestra cabeza; nos quejamos si no tenemos una casa determinada, un automóvil determinado, un trabajo determinado, un matrimonio determinado y amigos determinados, que vivan en un vecindario determinado de gran poder adquisitivo.

El hecho es que muchas veces no nos diferenciamos mucho del beneficiario desagradecido de Carnegie. Es hora de dejar que la gratitud sea nuestro boleto hacia la libertad. Así es; ser agradecidas puede llevarnos a un lugar de total satisfacción.

GRATITUD EN ACCIÓN

¿Qué tipo de "deseos" estás definiendo como "necesidades"? Pídele a Dios que te muestre las formas en que has dejado de ver la gracia de Él en tu vida. Identifícalas. Confiésalas. Y cámbialas por la abundancia que Dios promete para los agradecidos.

DÍA 24: *Una mujer conforme al corazón de Dios*

LECTURA BÍBLICA: *Rut 2:1-13*

Hablando de buenos ejemplos a seguir, el relato bíblico de Rut es particularmente conmovedor e instructivo para mí cada vez que lo leo. Rut era una mujer con un corazón humilde; una característica que hemos identificado como una virtud que acompaña a la gratitud. Ella no reclamó sus derechos. No insistió en que Booz le ayudara a ganarse la vida, recogiendo espigas en su campo. Y, al renunciar a sus reclamos de ciertas expectativas, pudo mostrar verdadero agradecimiento cuando efectivamente fue bendecida con la generosidad de Booz. Las palabras de los versículos 10 y 13 no son una muestra de adulación fingida, sino las expresiones de un corazón que actuaba con humilde gratitud.

Muchas de nosotras vivimos resentidas, como si el mundo nos debiera algo. "Tú debes hacer esto por mí. Debes atenderme. Debes hacerte cargo de mis necesidades". Pero el corazón humilde —el corazón agradecido— dice: "No me merezco esto, es un milagro de la gracia que te hicieras cargo de mis necesidades".

Una vez escribí la siguiente oración después de meditar en la historia de Rut: "Oh, Dios, te pido que, por favor, me hagas recordar de dónde me sacaste y dónde estaría hoy si no fuera por ti. Por favor, despójame de mi orgullo y mi carácter pretencioso y vísteme de mansedumbre, humildad y gratitud. Vacíame de mí misma y lléname de la naturaleza misericordiosa y dulce de Jesucristo".

Rut se dispuso a servir con un corazón humilde y agradecido. Y, como resultado, Dios se aseguró de que no tuviera ninguna necesidad. Él hará lo mismo por ti.

GRATITUD EN ACCIÓN

1. ¿Conoces a alguna persona que siempre muestra un espíritu agradecido? ¿Qué hay en ellos que los hace tan admirables? ¿Qué puedes aprender del ejemplo de estas personas?

2. Escribe tu propia oración personal en respuesta al ejemplo de Rut. Pídele a Dios que te ayude a manifestar la clase de carácter de Rut.

DÍA 25: *Día de Acción de Gracias*

LECTURA BÍBLICA: *Deuteronomio 8:1-10*

Los historiadores tienen diferentes perspectivas en relación con las primeras celebraciones del Día de Acción de Gracias en los Estados Unidos. Pero hay algunos detalles que sabemos con seguridad que son ciertos. Sabemos que el viaje de los peregrinos desde Holanda a Inglaterra hasta el Nuevo Mundo fue terriblemente difícil, con enfermedades y tormentas que visitaban frecuentemente la ardua travesía de semanas de duración. Sabemos que, una vez que llegaron, la tarea de labrarse viviendas en medio del bosque a toda velocidad para protegerse de los efectos del invierno que se anticipaban fue una carrera perdida contra reloj. Casi la mitad de aquellos que habían realizado el viaje luego no sobrevivieron a su estancia allí. Seguramente, los peregrinos tuvieron que hacer más tumbas que cabañas.

A pesar de que la supervivencia era el objetivo de cada día y el temor por sus familias era una preocupación absorbente, sus escritos y su historia están llenos de demostraciones y actitudes de agradecimiento.

Cada domingo —desde el primer desembarco del *Mayflower* y a lo largo de los años siguientes de su primera colonia, tanto en tiempos de escasez como de relativa abundancia— se reunían para orar, meditar, cantar himnos y escuchar un sermón. Su práctica regular fue hacer un alto y dar gracias a Dios al comienzo de cada semana.

Aunque tuvieron que restringir las raciones a la mitad cuando la cosecha almacenada demostró haber sido insuficiente para los primeros y largos inviernos, William Bradford comentó que estaban aprendiendo por experiencia propia la verdad de la palabra que se encuentra en Deuteronomio 8:3; "que no solo de pan vivirá el hombre, mas de todo lo que sale de la boca de Jehová".[5]

Y cuando los años comenzaron lentamente a traer una renovada abundancia de cosecha, en vez de decirle a Dios que de ahora en adelante se podían arreglar bien por ellos mismos, Edward Winslow escribió: "Teniendo todas estas señales del favor y [aceptación] de Dios, pensamos que sería muy ingrato de nuestra parte si secretamente nos conformáramos con una acción de gracias privada... Por lo tanto, queda establecido y destinado otro día solemne [haciendo referencia a un día de oración y ayuno que habían cumplido anteriormente en el verano] para tal fin; en que hemos de dar gloria, honor y alabanza, en agradecimiento a nuestro Dios que ha sido tan bueno con nosotros".[6]

¡Qué ejemplo tan maravilloso nos ofrecieron aquellos primeros peregrinos al ser agradecidos tanto en la abundancia como en la necesidad!

GRATITUD EN ACCIÓN

Usa tu tiempo de oración hoy para volver a pensar en la historia de la fidelidad de Dios en tu vida, tu familia y tu iglesia. Haz una lista de situaciones o momentos desesperantes en los que pudiste ver la protección y provisión providencial de Dios.

DÍA 26: *Un llamado a la gratitud*
LECTURA BÍBLICA: *Esdras 3:8-13*

El 3 de octubre de 1863, en el apogeo de la Guerra Civil, el presidente Abraham Lincoln hizo la proclamación de Acción de Gracias, en la que llamaba a la nación a observar un "día de acción de gracias y alabanza". Esta proclamación finalmente condujo a la institución del día nacional de Acción de Gracias.

El documento comenzaba enumerando varias bendiciones que la nación había experimentado en el transcurso del año, incluso en medio de una grave crisis. En él, se llamaba al pueblo norteamericano a reconocer la Fuente de todas esas bendiciones y a responder colectivamente al Dador en gratitud, arrepentimiento e intercesión. El siguiente es un extracto:

> Ningún consejo humano ha ideado estas grandes cosas, ni ninguna mano mortal las ha llevado a cabo. Estas son las dádivas generosas del Dios Todopoderoso que, aunque trata con nuestros pecados con su ira, no se ha olvidado de su misericordia.
>
> Me ha parecido bien y adecuado que estas cosas sean reconocidas de manera solemne, reverente y agradecida, con un mismo corazón y una misma voz por todo el pueblo norteamericano. Por lo tanto, invito a todos mis conciudadanos de todas partes de los Estados Unidos... a apartar y observar el último jueves de noviembre, como un día de Acción de Gracias y alabanza a nuestro Padre benéfico que mora en los cielos.
>
> Y les recomiendo que... con humilde penitencia por nuestra perversión y desobediencia nacional... imploremos con fervor

que la interposición de su Mano Poderosa sane las heridas de la nación y la restaure, tan pronto como sea consecuente con el propósito divino, al pleno goce de la paz, la armonía, la tranquilidad y la unión.

En medio de un trasfondo conflictivo y controversial, el líder de nuestra nación de los años 1860 fue suficientemente humilde como para saber que nuestra nación necesitaba a Dios y debía ser agradecida. Este sentir es tan necesario en el momento actual de nuestra nación como lo fue entonces.

El llamado a la gratitud trasciende la iglesia y llega a cada ámbito de la vida. Ora hoy por un espíritu de humildad, agradecimiento y arrepentimiento en nuestro corazón, y entre nuestros líderes en todos los ámbitos.

GRATITUD EN ACCIÓN

1. Puede que no te consideres una gran escritora. Y está bien. Pero hoy quiero que trates de redactar tu propia declaración de acción de gracias. Usa algunos de los conceptos que el Señor ha estado mostrándote en estas últimas semanas. Incorpora algunos pasajes de las Escrituras que hayan tocado tu vida de manera especial. Y consagra tu vida a lo que tus palabras están diciendo. Haz tu propia declaración de acción de gracias en tu corazón y en tu hogar.

2. No es suficiente con guardártelo para ti misma. Cuéntales a tus familiares o amigos cercanos lo que has escrito. Inclúyelo en Facebook, envía un mensaje por correo electrónico a tus amigos. Promueve la gratitud y alienta a aquellos que amas a cultivar un corazón agradecido.

DÍA 27: *Informe sobre tu progreso*

LECTURA BÍBLICA: *1 Timoteo 4:11-16*

Estamos casi al final de nuestro trayecto de un mes hacia la gratitud. Para ayudarte a medir el efecto que esta experiencia está teniendo en tu vida, te propongo que hoy respondas un breve cuestionario para ver en qué ámbitos estás creciendo y en cuáles necesitas seguir trabajando. Trata de responder con franqueza estas preguntas en tu diario personal; no sencillamente "sí" o "no", sino piensa en algunos detalles que respalden tus respuestas.

1. ¿Suelo quejarme a menudo por mis circunstancias, pues siento que merezco que me vaya mejor?

2. ¿Me escuchan los demás decir más quejas y comentarios negativos que palabras de gratitud sobre los episodios típicos de la vida diaria?

3. ¿Me describirían los demás como una persona agradecida?

4. ¿Qué evidencias hay de que yo tenga un espíritu agradecido o desagradecido?

5. ¿Cuán a menudo comienzo declaraciones con estas palabras: "Estoy tan agradecido por..."?

6. ¿Demuestro más a menudo una perspectiva pesimista y negativa, o positiva y agradecida?

7. ¿Soy reticente o entusiasta a la hora de expresar agradecimiento a los demás?

8. Mi expresión de gratitud más reciente fue...

GRATITUD EN ACCIÓN

Como ya he mencionado, mientras escribía este libro, Dios ha hecho una obra nueva en mi propio corazón en el ámbito de la gratitud. Pero tuve que estar dispuesta a humillarme, confesar mi necesidad y pedir oración, ayuda y supervisión de personas cercanas. Recuerda que nuestro corazón no puede cambiar sin que la gracia de Dios nos dé el deseo y la capacidad de agradarle. Y Dios derrama su gracia sobre los humildes.

Si todavía no lo has hecho, considera aceptar este reto de gratitud con rendición de cuentas, en la que permitas que otros te ayuden a ser fiel a tu compromiso y, a la vez, tú les ofrezcas tu apoyo a ellos.

DÍA 28: *Cuentas de gratitud*

LECTURA BÍBLICA: *Filipenses 1:3-11*

Me he dado cuenta de que todo lo que no planifico en el día, por lo general, no se hace. Si no comienzo la mañana determinando qué cosas son prioridad, es probable que mi mente no lo recuerde una vez que las presiones cotidianas comiencen a eliminar todo lo que encuentran a su paso.

Si expresar gratitud ha de convertirse en una forma de vida para nosotras, no podemos considerarlo como un ejercicio opcional. Si nunca pasa de nuestra lista de anhelos, si queda anidado junto a otras cosas buenas que esperamos hacer algún día, el "algún día" de la gratitud nunca llegará en nuestro calendario. Seguirá siendo una dulce intención, pero no una práctica constante.

Por lo tanto, quiero animarte a pensar en la gratitud como una deuda que debes pagar, de la misma manera que debes pagar tus cuentas mensuales. Te propongo que abras una sección en tu diario personal, destinada a las "cuentas de gratitud", para hacer una lista específica de individuos a los que les debes un agradecimiento.

De este modo, podrás llevar a cabo el propósito hoy de hacer una llamada telefónica tan solo para darle las gracias a una amiga por haberte mostrado interés en una época difícil de tu vida. Podrás recordar que, cuando veas a una determinada persona en el gimnasio esta tarde, debes darle las gracias por ayudarte a ser fiel con tu objetivo de estar en forma. Cuando el Señor te dé la oportunidad de escribir una breve nota de agradecimiento esta noche, tendrás una lista de personas hecha de antemano de donde escoger.

Todas tenemos cuentas de gratitud. Pero no somos muchas las que las tenemos al día. Asegúrate de llegar a ser la clase de persona que esté al corriente con sus cuentas.

GRATITUD EN ACCIÓN

¿A quién más necesitas agregar a tus cuentas de gratitud? ¿Qué cuenta de gratitud debes pagar *hoy*?

DÍA 29: *Hijos agradecidos*

LECTURA BÍBLICA: *Deuteronomio 6:1-12*

Como todo lo que Dios está desarrollando en nosotras, su intención al ayudarnos a ser más semejantes a Cristo no es simplemente para beneficiarnos a nosotras mismas, sino para ayudarnos a inspirar lo mismo en otros y mostrarles las bendiciones inherentes de confiar en el Señor.

Si Dios te ha dado hijos, sabes que la gratitud —como casi cualquier otro rasgo de carácter— no es algo natural en ellos. Pero pocas cosas son más notables (e inusuales) en los niños de hoy que cuando se les conoce por su espíritu agradecido y contento. Es una cualidad que vale la pena todo el esfuerzo que hagamos para inculcarla en ellos.

Y, aunque la enseñanza y la instrucción tienen su lugar en el desarrollo de la gratitud en nuestros hijos, el mejor maestro de todos (por supuesto) es nuestro ejemplo. ¿Te escuchan tus hijos darle las gracias a tu esposo cuando se hace cargo de una reparación en el hogar o del cambio de aceite del automóvil? ¿Te escuchan dar gracias al Señor y a los demás tanto por las cosas pequeñas como por las cosas grandes que te suceden en el transcurso del día? ¿Les dices a tus hijos cuán agradecida estás por su papá, por la iglesia y el pastor, por sus maestros, por la casa que el Señor ha dado a la familia, por la buena salud y por las bendiciones abundantes de Dios para la familia? Por otro lado, ¿te escuchan murmurar cuando tu esposo demora la cena por ir a ver a un cliente más, o cuando se te pincha una rueda del automóvil o cuando hace una semana que no sale el sol?

La gratitud es una de esas virtudes importantes que se enseñan más con el ejemplo que con la palabra. ¿Cuál es tu ejemplo, especialmente en el hogar?

GRATITUD EN ACCIÓN

1. Siéntate y habla con tus hijos acerca del gran valor que Dios le da a la gratitud. Diles que ellos van a comenzar a ver algunos cambios "gratitudinales" en ti.

2. Puede que no tengas hijos propios. ¿A quién ha colocado Dios en tu esfera de influencia? ¿Qué les estás enseñando acerca de la gratitud mediante tu estilo de vida?

30: *Sigamos avanzando en gratitud*

LECTURA BÍBLICA: *Gálatas 5:16-24*

Mientras ponemos en marcha un nuevo estilo de vida de gratitud, usemos el día de hoy para establecer algunas metas de lo que queremos que Dios lleve a cabo en nuestro corazón, y seamos específicas en cuanto a la manera en que nos proponemos practicar este agradecimiento puesto en marcha.

Por ejemplo, si quieres ser más deliberada en el envío de notas de agradecimiento, ¿cuántas te gustaría enviar en una semana o un mes? ¿Qué pasajes de las Escrituras vas a memorizar y luego meditar en ellos con relación al agradecimiento? ¿A quien le pedirás que supervise los aspectos específicos de tu vida en los que necesitas crecer en gratitud?

Recuerda que estas no son cargas adicionales, añadidas para complicarte más el día y quitarte tiempo. Como creyentes, hemos sido redimidas de las exigencias opresivas de la ley. Como aquellos que están en Cristo, tenemos la libertad de buscar una vida piadosa como una respuesta feliz a la gracia recibida. Y recibimos el poder de su Espíritu para obedecer su voluntad con nuestro corazón. Resiste cada intento del enemigo de esclavizarte, incluso a actividades y hábitos buenos.

A medida que crezcas en gratitud, te sentirás tan bendecida por su recompensa y significado espiritual que no parecerá un esfuerzo ponerla en acción. Además, una vez que la pongas en marcha, te sentirás libre para buscarla con pasión.

¿Estás lista para experimentar el poder de la gratitud cristiana que cambia vidas? Entonces, permite que el Señor te ayude a decidir cuáles deben ser los próximos pasos.

GRATITUD EN ACCIÓN

1. Atrévete a ejercer fe, pero no tengas miedo de hacer pequeños progresos conforme haces de esta tu manera de vivir. Sin embargo, trata de ser tan específica como puedas al trazar tu plan de gratitud.

2. Escribe una breve oración que le exprese al Señor tu deseo de desarrollar un estilo de vida radicalmente agradecido. Expresa tu gratitud al Señor por su gracia sobrenatural, que te permitirá "abundar en acciones de gracias".

Una oración de agradecimiento

Estoy muy contenta de que me hayas acompañado en este trayecto hacia un estilo de vida de gratitud —un estilo de vida que pido a Dios que puedas practicar por el resto de tu vida, ¡mientras te preparas para pasar la eternidad dando gracias! Para finalizar nuestro recorrido, me gustaría elevar una oración al Señor, pidiéndole que nos bendiga en la continua búsqueda de este llamado a ser personas agradecidas.

Padre, nos maravillamos porque has descendido hasta lo más profundo para redimirnos. No tenemos palabras para describir la asombrosa gracia que sigues prodigando sobre nosotras con cada nuevo amanecer. Y ahora, al comenzar un nuevo día en nuestra relación contigo y con los demás, te pedimos que tu favor y tu bendición nos acompañen en este nuevo día. Necesitamos tu ayuda, pues si no fuera por la obra redentora y santificadora de Cristo por nosotras y en nosotras, no podríamos agradarte ni vivir de acuerdo con tu Palabra.

Oro por mí y por mis estimadas lectoras, que han caminado junto a mí a través de estas páginas. Hemos escuchado la voz de tu Espíritu que nos llama a rechazar las garras amargas de la ingratitud y aceptar el múltiple gozo de la acción de gracias. Que tu llamado siga resonando en nuestro corazón. Que la multitud de tus bendiciones nunca se pierdan en nuestras vidas, sino que vuelvan a ti en alabanzas derramadas como combustible en nuestra adoración.

Cuando el enemigo venga contra nosotras, cuando las emociones o las experiencias de la vida insistan en que no es posible gozarnos en la gratitud, te pedimos que nos visites con la fortaleza vivificadora de tu presencia. Y cuando los demás nos malinterpreten o nos digan que estamos viviendo en negación, que podamos encontrar la dulce justificación para nuestro gozo en los preceptos de tu Palabra.

Padre, emprendemos este nueva etapa con gran expectativa, seguras de que hay muchas vidas que quieres tocar a través de nuestra obediencia, y también seguras de que habrá muchas pruebas que transformarás en oportunidades para bendecirnos. Nuestro deseo es reflejar tu fidelidad, tu bondad y tu gracia por medio de nuestras palabras y nuestros corazones agradecidos. Que seas glorificado en nuestra vida y en nuestra gratitud.

Oramos en el bendito nombre de nuestro Salvador, Jesucristo, a quien le debemos todo.

Y una cosa más, ahora y para siempre: ¡Gracias, Señor!

Un agradecimiento sincero

Escribir un libro sobre la gratitud me ha servido para recordar una y otra vez la enorme deuda de gratitud que tengo con el Señor y con muchos otros.

He tratado de expresar mi agradecimiento personalmente a aquellos que han trabajado conmigo para dar a luz este libro, pero estoy agradecida por la oportunidad de reconocer públicamente sus contribuciones:

Lawrence Kimbrough recopiló y organizó las transcripciones de mis enseñanzas sobre gratitud, así como las diversas fuentes que le encomendé, y aplicó su gran habilidad para escribir y generar los dos primeros borradores de este libro.

Lawrence es un siervo humilde y con mucho talento, y ha sido un gozo contar con su colaboración en este segundo libro. Lo dije en el último libro, y lo afirmo también en este: su huella es evidente a lo largo de estas páginas, y es un libro mejor de lo que yo podría haber escrito sin su ayuda.

Una vez más, *Greg Thornton* y el dedicado personal de Moody Publishers prestaron sus servicios callada y competentemente tras bambalinas, mientras este proyecto maduraba y pasaba de ser una idea embrionaria a este libro que sostienes entre tus manos. ¡Tengo mucho cariño y respeto por este equipo de "parteras de libros"!

Bob Lepine ha sido un mentor para mí y ha colaborado conmigo en el Comité Asesor de *Revive Our Hearts* desde su inicio. Al principio me ayudó a estudiar detenidamente el mensaje de este libro, y después tuvo la amabilidad de hacer una revisión teológica del manuscrito. Su dominio de las Escrituras y su capacidad como comunicador le permitieron realizar una contribución y asistencia valiosas.

Dr. Robert DeMoss, mi querido tío y amigo, revisó el manuscrito y me hizo varias sugerencias provechosas.

Bajo el liderazgo capaz y de corazón de *Martin Jones,* todo el equipo de *Revive Our Hearts* asume de buen grado las demandas y responsabilidades adicionales durante temporadas prolongadas para que yo pueda centrarme en estudiar y escribir. Estos hombres y mujeres son amigos y socios entrañables del ministerio, y no puedo imaginar estar en la rutina diaria sin ellos.

Mike Neises dirige los esfuerzos editoriales de nuestro ministerio con sabiduría y gracia, y sirve de enlace con nuestros amigos de Moody Publishers. Mi secretaria, *Sandy Bixel*, atiende más asuntos y lleva a cabo más tareas en mi nombre que cualquiera que conozca en esta tierra. *Dawn Wilson*, investigadora y escritora de *Revive Our Hearts*, ayudó en la búsqueda de varios detalles, ilustraciones y recursos para este proyecto.

Y a través de sus oraciones persistentes y aliento incansable, mis estimados *"Amigos de oración"* me ayudaron a volar.

"Doy gracias a mi Dios siempre que me acuerdo de vosotros...
por vuestra comunión en el evangelio,
desde el primer día hasta ahora".
Filipenses 1:3, 5

Notas

Introducción: Tu invitación a la transformación

1. Mary W. Tileston, *Daily Strength for Daily Needs* (New Kensington, PA: Whitaker House, 2003), 9 de marzo.
2. Sovereign Grace Ministries Blog, 1/30/09, http://www.sovereigngraceministries.org/Blog/post/Meet-Wayne-Grudem-(4).aspx.

Capítulo 1: El poder de la gratitud

1. Mary Wilder Tileston, *Joy & Strength* (Minneapolis, MN: World Wide Publications, 1986), 24 de agosto.
2. Mark Stryker, "Orchestra's Thank-You-Notes Strike a Chord with Donor", *The Indianapolis Star*, 18 de noviembre de 1999, A8.

Capítulo 2: Culpa, gracia y gratitud

1. Oswald Chambers, *My Utmost for His Highest* (Discovery House; Nashville, TN: Thomas Nelson Publishers), 20 de noviembre. Publicado en español por Editorial Clie con el título *En pos de lo supremo*.
2. W. E. Vine, *The Expanded Vine's Expository Dictionary of New Testament Words*, s.v. "thanks".
3. Spiros Zodhiates, *The Complete Word Study New Testament* (Chatanooga, TN; AMG Publishers, 1991), 906.
4. Marvin Olasky, "Thank vs. Thank You", revista *World*, 24 de noviembre de 2007.

Capítulo 3: Cuando no escogemos agradecer

1. Elisabeth Elliot, *Keep a Quiet Heart* (Ann Arbor, MI: Servant Publications, 1995), 123.
2. Brandon Baillod, "The Wreck of the Steamer Lady Elgin", Great Lakes Maritime Press, http://www.ship-wreck.com/shipwreck/projects/elgin/.

Véase también Warren W. Wiersbe, *The Bible Exposition Commentary*, New Testament, vol. 2 (Colorado Springs: Victor, 2001), 114.

3. Para inscribirte en el reto de 30 días de aliento para esposos y recibir los mensajes diarios por correo electrónico relacionados con el reto, visita http://www.reviveourhearts.com/challenge (recurso disponible solo en inglés).

4. D. James Kennedy, "The Christians' Magic Wand", sermón impreso, Coral Ridge Ministries, noviembre de 1996, 7.

5. Paul David Tripp, "Grumbling: A Look at a 'Little' Sin", *The Journal of Biblical Counseling*, vol. 18, n.º 2, invierno de 2000, 51.

Capítulo 4: ¿Por qué debemos escoger agradecer?

1. Ellen Vaughn, *Radical Gratitude* (Grand Rapids, MI: Zondervan, 2005), 203.

2. James S. Hewett, *Illustrations Unlimited: A Topical Collection of Hundreds of Stories, Quotations, & Humor for Speakers Writers, Pastors, and Teachers*, ed. (Carol Stream, IL: Tyndale, 1988), 264.

3. Beth Moore, *Breaking Free* (Nashville: B&H Publishing Group, 2003), 71. Publicado en español por Editorial LifeWay con el título *¡Al fin libre!*

Capítulo 5: De la queja a la alabanza

1. Mary Wilder Tileston, *Joy & Strength* (Minneapolis, MN: World Wide Publications, 1986), 24 de agosto.

2. James Baird, en un sermón titulado: "To Be Thankful" predicado en la Independent Presbyterian Church de Savannah, Georgia, el 15 de octubre de 2006, https://www.sermonaudio.com/solo/ipcsav/sermons/62221459464295/.

3. *BreakPoint with Charles Colson*, "Miserable in the Midst of Plenty: The Progress Paradox", 24 de agosto de 2004.

4. Steve Dale, "My Pet World", *The Tennessean*, 29 de junio de 2007.

5. *Works of Jonathan Edwards*, vol. 2, sección VIII: "The Life and Diary of the Rev. David Brainerd with Notes and Reflections" disponible en Christian Classics Ethereal Library, http://www.ccel.org/ccel/edwards/works2.ix.i.viii.html (book info: http://www.ccel.org/ccel/edwards/works2.html).

6. Matthew, Henry, *Matthew Henry's Commentary on the Whole Bible: Complete and Unabridged in One Volume*, Regency Reference Library (Grand Rapids, MI: Zondervan, 1961), Matthew XI.

7. Citado por el Dr. Joe McKeever en "Doing the Right Thing Regardless", 21 de agosto de 2006, http://www.joemckeever.com/mt/archives/000358.html.

8. Charles Chapman, *Matthew Henry: His Life and Times: A Memorial and a Tribute* (Londres: Arthur Hall, Virtue & Co., 1859), 114, 116-117, disponible en Google Books, http://books.google.com/books?q=Matthew+Henry%3A+His+Life+and+Times&btnG=Search+Books.

Capítulo 6: ¿Cómo puedo dar gracias?

1. Olivia Barker, "Whatever Happened to Thank-You-Notes?", *USA Today*, 26 de diciembre de 2005, http://www.usatoday.com/life/lifestyle/2005-12-26-thank-you-notes_x.htm.

2. James. S. Hewett, *Illustrations Unlimited: A Topical Collection of Hundreds of Stories, Quotations, & Humor for Speakers Writers, Pastors, and Teachers,* ed. (Carol Stream, IL: Tyndale, 1988), 263.

Capítulo 7: Gracias... por todo

1. Charles H. Spurgeon, *Evening by Evening* (Alachua, FL: Bridge-Logos, 2005), 1 de diciembre.

2. La lista completa de "regalos de cumpleaños espirituales" está disponible en inglés en pdf en http://www.reviveourhearts.com/pdf/uploads/45SpiritualGifts.pdf.

3. Ilustraciones de David A. Seamands en el sermón "How to Celebrate Thanksgiving", cinta n.º 68 de Preaching Today, disponible en www.PreachingTodaySermons.com, un recurso de Chistianity Today International.

4. "Count Your Blessings", escrito por Johnson Oatman Jr.

Capítulo 8: Pero no sin sacrificio

1. Priscilla Maurice, *Sickness, Its Trials and Blessings* (Nueva York: Thomas N. Stanford, 1856), 246.

2. Revista *Life*, agosto de 1992, 34, 37.

3. Richard Wurmbrand, *In God's Underground* (Bartlesville, OK: Living Sacrifice Book Company, 1968, 2004), 56.
4. Charles H. Spurgeon, Metropolitan Tabernacle Pulpit, "Our Compassionate High Priest", http://www.spurgeon.org/sermons/2251.htm.
5. Glimpses of Christian History, "Congo Rebels Reached Helen Roseveare", 15 de agosto de 1964, http://www.christianhistorytimeline.com/DAILYF/2002/08/daily-08-15-2002.shtml.
6. Helen Roseveare, *Living Sacrifice* (Minneapolis, MN: Bethany House, 1979), 20-21.
7. Helen Roseveare, *Digging Ditches* (Geanies House, Fearn, Ross-shire, Escocia: Christian Focus, 2005), 76-77.
8. Elisabeth Elliot, *Suffering Is Not for Nothing*, vol. 2, serie de videos (Orlando, FL: Ligonier Ministries, 1989).

Capítulo 9: Un cambio gratitudinal

1. Mary W. Tileston, *Daily Strength for Daily Needs* (New Kensington, PA: Whitaker House, 2003), 18 de enero.
2. Modificado de Russell Kelfer, "A Grateful Spirit: Part 2", (176-b), 14, disponible en http://dtm.org/LessonsOn Line.
3. Anne Keegan, "Blue Christmas", *Chicago Tribune Magazine*, 24 de diciembre de 1995.

Para crecer en gratitud: Una guía devocional de 30 días

1. Ellen Vaughn, *Radical Gratitude* (Grand Rapids: Zondervan, 2005), 10 (del prólogo de Charles W. Colson).
2. R. J. Morgan, *Nelson's Complete Book of Stories, Illustrations, and Quotes*, edición electrónica (Nashville: Thomas Nelson, 2000), 814.
3. Paul Lee Tan, *Encyclopedia of 7,700 Illustrations* (Rockville, MD: Assurance Publishers, 1979), 1456.
4. R. A. Emmons y M. E. McCullough, "Counting Blessings versus Burdens: Experimental Studies of Gratitude and Subjective Well-Being in Daily Life", *Journal of Personality and Social Psychology*, 84 (2003): 377-389.

5. Nathaniel Philbrick y Thomas Philbrick, eds., *The Mayflower Papers: Selected Writings of Colonial New England* (Nueva York: Penguin Classics, 2007), 34.

6. Edward Winslow, *Good News from New England* [1624], ed. Alexander Young (Bedford, MA: Applewood Books, 1996), 54-56.

EDITORIAL PORTAVOZ

NUESTRA VISIÓN

Maximizar el efecto de recursos cristianos de calidad que transforman vidas.

NUESTRA MISIÓN

Desarrollar y distribuir productos de calidad —con integridad y excelencia—, desde una perspectiva bíblica y confiable, que animen a las personas a conocer y servir a Jesucristo.

NUESTROS VALORES

Nuestros valores se encuentran fundamentados en la Biblia, fuente de toda verdad para hoy y para siempre. Nosotros ponemos en práctica estas verdades bíblicas como fundamento para las decisiones, normas y productos de nuestra compañía.

Valoramos la excelencia y la calidad
Valoramos la integridad y la confianza
Valoramos el mérito y la dignidad de los individuos
  y las relaciones
Valoramos el servicio
Valoramos la administración de los recursos

Para más información acerca de nuestra editorial y los productos que publicamos visite nuestra página en la red: www.portavoz.com